中卒でも〝逆転の戦略〟

起業の秘訣

第3章 プラットフォーマーへの転換

第4章 ネクストレベルが選ばれる理由

第5章 未来になくてはならない企業であり続けるために

第6章 マル秘！ 会社を爆発的に成長させるノウハウ集

第7章 起業したい人を支援する理由

第8章 語録

最終章 メッセージ

序章

まだ何もない君へ

子どものときには、夢中になれるものがあった。
大人になった君には、それがあるか？
興味を持てることを待つだけでなく
本気になって探してきたか？
誰だって夢中になれるものを見つけたい。
でも、それは挑戦する者にしかやってこない。
さあ、一歩を踏み出そう。
昨日までの自分を超えていけ。

これは、ネクストレベルホールディングスの代表、河原由次が、未来の起業家たちへ宛てたメッセージである。

好きなときに好きな時間だけ仕事ができる〝スキマバイト〟。働き方改革で副業をする人が増え、業界には追い風が吹いている。

ネクストレベルホールディングスは、ワーカーと求人企業をマッチングする、日本最大級のスキマバイト・プラットフォームを運営する会社だ。累計３００万人を超えるワーカーが、このプラットフォームを利用し、利用者はさらに増え続けている。

自分の能力を生かしてスキマバイトをしたいワーカーにとっても、短期で働く人材を必要とする企業にとっても、便利で価値あるサービスを次々に創出し、〝アルバイト〟ではなく〝スキマバイト〟という働き方をスタンダードにしていく。

「働くことを自由に、スタイルを多彩に、仕事をポジティブにとらえられる社会をつくっていきたい」

それがいまの河原の目標であり、挑戦であり、夢中になっていることだ。

業界にイノベーションを起こすことは、一人の力では難しい。スキマバイト・ビジネスを行う会社の社長たちがグループとなって連合軍をつくり、一丸となって取り組んでいく必要がある。

河原は社長募集プロジェクトを立ち上げ、働き方のイノベーションを一緒に実現する仲間を募集。「起業したいけど、何をすればいいか分からない」「やる気はあるけど資金がない」という若者に、2000万円の資金だけでなく、経営力を身につけるための研修、スキマバイト・ビジネスの成功ノウハウ、ツールとしてのプラットフォームまで惜しみなく提供してきた。業界変革の連合軍をつくるために始めた企画ではあるが、そこには河原の「彼らを支援したい。夢を叶えてあげたい」という強い想いが込められている。

ある社長に出会い、「この人のようになりたい」と起業を目指した河原。しかし、高校中退では、やれることがない。お金もないし、人脈もない。夢と現実とのギャップに、死を考えるほど悩み苦しんだ。それでも何とか前進して起業にこぎつけたものの、借金や社員の裏切りなどもあり、ビジネスを軌道に乗せるまでに3年かかった。

その辛さを知っているからこそ、「起業したい若者を支援したい」「ビジネスを短期間で成功させるノウハウを伝授したい」という気持ちが強い。

社長募集プロジェクトは現在、社長ファイトクラブへと進化している。起業したい若者と、彼らの才能ややる気に投資したい企業をマッチングするプロジェクトだ。これなら、ネクストレベルが行っている人材ビジネスだけでなく、さまざまな業界での起業が可能になる。社長ファイトクラブは彼らにとって、「未来を拓くためにチャレンジできる場所」なのだ。

さて、本書は、一歩を踏み出して人生を変えたいと思っている、未来の起業家たちに向けての一冊だ。ゼロからのスタートで、どのようにしてグループ売上150億円企業をつくることができたのか。いくつもの障壁を打ち破り、その都度、大きくビジネスをスケールさせることができたのはなぜか。ピンチをチャンスに変える発想はどうやって生まれるのか。本書が、「まだ何もないあなた」の未来の希望となることを願って、起業家、河原由次の軌跡を追う。

第1章

ゼロからのスタート

1．創業1年目の悲劇　「2000万円、いますぐ返せ」

ネクストレベルの設立は2008年7月1日。河原由次は、18歳のときに決めた「社長になる」という目標を、22歳で実現した。

創業時の資本金は135万円。スタッフは河原を入れてたったの3人だった。それがいまでは資本金3億8520万円、社員数280名（グループ全体・2023年現在）の企業グループへと成長。2022年9月25日に開催された〝レッツゴー万博2025カウントダウン3～夢洲超花火～〃では、冠スポンサーとして協賛。プロeスポーツチーム「NEXT LEVEL Gaming」を結成し、大会を開くことで、性別や年齢・国籍・障がいなどのボーダーを超えて、世界中の誰もがつながることができる機会を創出するなど、社会的にも影響力のある企業として躍進している。

創業時から現在に至るまでの間に何があったのか、いや、河原は何をしたのか。ネクストレベルの成長の軌跡をたどっていく。

ネクストレベルがスタートした当時の事業内容は、短期、かつスポットでの人材派遣だ。そう決めたのは、起業前にイベント施工会社で働いていたときのこと。イベントがあるときは大勢のスタッフが集まり、みんなで協力してイベントを成功裏に導いていく。でも、イベントがないときは仕事がない。「雇うほうも雇われるほうも、波があって大変なビジネスだな」と思っていたのだが、ある日、「ん？ 待てよ」と、ひらめいた。

「イベント会社は仕事のあるなしが極端だけど、どの企業にも、大なり小なり繁忙期と閑散期がある。忙しいときに人が足りなかったらビジネスチャンスを逃してしまう。かといって、繁忙期に人を採用してしまうと、閑散期に人が余って人件費が無駄になる。企業は繁閑に合わせて人員のやりくりに苦労してるよな。これを何とかできたら、需要があるんじゃないか」

そうして考えたのが「繁忙期にすぐに人を用意できる人材サービスの会社」。それも「短期スポットでの人材派遣（以下、短期人材サービス）が可能な会社」をつくるということだ。

長期派遣の会社の場合、企業に人を派遣したら終わり。でもスポットの場合は、一度使ってくれたお客さまが、何度も何度も使ってくれる。景気も関係ない。不景気でも人が足りない瞬間はあるからだ。

「これはいける！」

親や消費者金融から借りてかき集めた135万円を資本金に、2008年7月1日、株式会社ネクストレベルが誕生した。場所は梅田。大阪で一番人が集まる場所だからだ。

河原は社長としての一歩を踏み出した。

創業メンバーは3人。以前にバイトしていた運送会社で一緒に働いていた35歳の人と、イベント施工会社に新卒で入っていた27歳の人に声をかけ、口説いて引き抜いてきた。気心の知れたメンバーとともに、意気揚々とスタートを切る。

とはいえ、かき集めた資本金はオフィスの賃料や会社設立の手続きに費やして、ほとんどが消えていた。どんどん仕事を取ってこなければ、初月の給料さえ払えない。当然、広告を出す費用もないから、3人でひたすら企業にテレアポしたり、飛び込み訪問したりして、がむしゃらに営業活動に打ち込んだ。

おかげで、初月売上200万円、2ヵ月目は400万円と売り上げは倍々に増えていく。半年後には月商1500万円の売上を上げられるようになった。

「やっぱり、短期人材サービスはニーズがある。このビジネスはいけるぞ。もっともっと仕事を増やして会社を大きくしてやる」

売上はおもしろいように伸びていく。しかし、登録スタッフへの賃金はその日払いで、企業からの入金は当月末締めの翌月末払い。60日後にしか仕事の報酬を得られない。収支は黒字でもキャッシュフローが厳しいという事態に陥った。

例えば、2000万円分の仕事の依頼が来たとする。その仕事に応えるためには、登録スタッフを募集して集め、仕事をしてもらったその日に賃金を支払わなければならない。最低でも1500万円のキャッシュが手元に必要だ。もし仮に、先々月の売上が1500万円あり、それが先月末に入金されていたとしても、そこからオフィスの家賃や社員の給料、先月のスタッフ募集の広告費などを差し引くと、手元に残るのは1500万円より数百万円も少なくなる。そうなるとせっかく取ってきた2000万円の仕事に応えられない。

河原の頭のなかに『黒字倒産』という文字が浮かんだ。黒字倒産とは、商品やサービスがどんどん売れて、帳簿上は利益が出ているにもかかわらず、支払いに必要な資金が不足して倒産してしまうことをいう。

「まさにそれやん」

河原は焦った。

しかもこのビジネスモデルの場合、売上が横ばいとか微増だとなんとかなるが、売上が急に増えるとキャッシュフローがとたんに苦しくなる。つまり、超右肩上がりには会社を大きくできないということだ。

「ネクストレベルのビジネスには将来性がある。需要も大きい。いま、手元にまとまった資金さえあれば、資金繰りの心配なく大きな仕事を取ってきて回すことができるのに」

そう考えた河原は、金融会社から2000万円を借りることにした。とはいえ、設立1年目の会社では銀行から融資を受けるのは難しい。しかも2000万円という金額だ。何社ものノンバンクに融資を依頼したが断られ続け、ようやく1社と契約することができた。

ただし、金利は当時の出資法上限金利ぎりぎりの年利26%と、かなり高め。さらに、金利以外に、「経営コンサルタント料として月100万円支払うこと」「経営管理のシステム料として月50万円支払うこと」「複数の保証人を立てること」「事業計画を提出し、予算未達のときは元金2000万円を即返済すること」という条件付きだった。

かなりむちゃくちゃな条件だが、河原にはそれでもやっていける自信があった。いつも大口の仕事を出してくれる常連のお客さまもできたし、営業すればするほど新しい仕事も入ってくる。

河原の両親と、創業メンバーの35歳の役員の両親にも保証人になってもらって、2000万円の融資を受け、「よしっ」っと気合いを入れ直した。

そこから数ヵ月は計画通りに売上を達成していく。

しかしある日、コンスタントに大口の仕事を発注してくれていた企業の仕事が急にストップになり、900万円もの売上が飛んでしまった。大きな工場を建てるために人手が必要だったのだが、その工場が完成したため、需要がなくなってしまったのだ。

ノンバンクからすぐに連絡が入る。

「契約通り、2週間後に2000万円を返すように。社員の給料もスタッフへの支払いもいますぐ止めてください」

「それって、つぶれろってことじゃないですか」

「契約書に印鑑を押しているんだから、どうしようもないですね。返さなければ保証人に請求します」

追い詰められた。だが、2週間ではどうすることもできない。

河原は、「絶対にビジネスを成功させられるのに、たった1回売上が下がったくらいで……。何でついてきてくれへんねん」と悔しい気持ちでいっぱいだった。

とはいえ保証人には迷惑をかけられない。とくに役員の両親には。

河原は母親に相談した。

「分かった。亡くなったおばあちゃんのマンションを売るから」

判断が早い。そして潔い。

母は文句も言わず、息子の未来を信じてお金を用意してくれた。

このときの経験が、社長募集プロジェクト、のちの社長ファイトクラブへとつながっていく。

怒涛の創業1年目を経験して分かったこと、それは、いくら儲かるビジネスでも、資金がなければ回せないということだ。だから、「起業して成功したい」という想いがある人には、ビジネスのノウハウ、営業基盤、お客さま、プラットフォームだけでなく、資金も提供して応援する。

社長募集プロジェクト（現：社長ファイトクラブ）から経営者になった人が次々と成功を収めている。その鍵は、河原の起業1年目の悔しい経験のなかにあった。

2. 創業2年目の悲劇 「そして、社員が誰もいなくなった」

創業2年目、社員は増えて7人になった。なかでも、同業の会社から引き抜いてきた40代の営業マンに、河原は期待をかけていた。営業ができるのは知っている。だから引き抜いて、来てもらったのだ。しかもお客さまをそのまま持ってきてくれれば、自社の売上に大きく貢献してくれることになる。その目論見は当たり、月の売上も順調に伸びていった。

それでも、河原が考える会社の成長スピードと、メンバーのそれには乖離があった。河原は「売上を倍々に増やしたいのに、社員たちはぬるすぎる。もっとがむしゃらに仕事しろよ」と思っているし、社員は「こんなに一生懸命に頑張っていて、売上も着実に伸ばしているのに、これ以上、どうしろっていうんだよ」と思っている。

子どものころからいつも近所の友だちの中心にいて、「自分が主役」で通してきた河原。しかもいまは社長だ。相手が年上だろうが、言葉に遠慮はない。「あれやれ！」「これやれ！」とすべて命令口調。言い訳する社員にキレた河原は、「弱音吐くんやったら辞めてしまえ。もう来んでええわ」と言ったこともある。

自分より一回りも二回りも年下の23歳の若造から頭ごなしにモノを言われては、社員もいい気持ちはしない。

河原とメンバーとの間の溝は、日に日に深まっていった。


ある日、河原が出社すると、社員が誰も来ていない。待ってみたけど、やはり来ない。電話しても誰も出ない。オフィスには、河原たった一人だ。

あとで分かったのだが、40代の営業マンがひそかに社員全員にこう声をかけていたのだ。

「もう、あんな社長のもとでは働けない。みんなで会社をつくって、同じビジネスモデルで商売しようぜ。経験者だけでスタートするから、商売が軌道に乗るのも早いと思う」

そのアイデアにみんなが賛同し、示し合わせて出ていったのだった。

しかもあろうことか、自分たちが担当していた企業に連絡し、「今月の振り込みはこちらにお願いします。当社の口座が銀行との兼ね合いで振り込めない状態になっているので」と嘘をつき、数千万円を横領した。

こんな目にあったら、普通なら、「横領したやつらを訴えてやる」とやっきになるか、逆に「自分の対応が悪かった」と反省するか、そんな反応が一般的だろう。

しかし、河原は違った。

「あまりにも一部の人の能力に依存しすぎたな。誰もが売上を上げられるような仕組みをつくることが大事だな」と思ったのだ。

この発想は、このあとのネクストレベルの大きな躍進につながっていく。

ちなみに、「人に依存しない」と言うと、冷たい印象を受けるかもしれないが、そうではない。やる気さえあれば、誰でも活躍できる環境をつくる。もっと言うと、辞めた社員のように「能力があってもやる気がない人」より、「やる気がある人」が幸せになる仕組みをつくる、ということだ。

「さあ、イチからやり直すぞ」

いままで派遣スタッフとして何度か仕事をしてもらった、信用できる人たちを社員に誘い、ネクストレベルは再スタートを切った。

3. 創業3年目の奇跡 「底辺のループから抜け出す」

気持ちを新たに再スタートした3年目。短期人材サービスの需要は相変わらず高く、仕事を増やしていけるチャンスはある。しかし、新しく引っ張ってきた社員は、まだ仕事に慣れていないため、営業できるのは河原一人だ。やってもやっても一人の力ではたかが知れている。しかも、登録スタッフへの賃金先払いシステムがゆえに、手元に資金がなければ、急激にビジネスを拡大することは難しい。仕事が急に増えた月は、登録スタッフに賃金を支払うため、自身の役員報酬をもらわないこともあった。

業界で『イチバン』になりたい、目指すは売上1000億円以上。夢と目標はますます大きくなるばかり。こんな現状には、とうてい満足できない。

ふと河原は、以前に飲食店でアルバイトしていたときのことを思いだした。

そのときは、5人のスタッフでお店を切り盛りしていたのだが、いくらお客さまが来ても、5人でできる仕事の量は限られている。どう頑張っても、得られる利益が2倍、3倍になることはない。

いまもそうだ。社員が5～6人では利益が少ない。じゃあ、利益を増やすために人を採用するか？　いや、人を採用してしまうと、販管費が増えて利益は減る。だから採用はできない。でも、そうすると社員数が増えないから利益も増やせない。そんなジレンマに陥ってしまった。

「この負のループから、どうすれば抜け出せるんだろう。底辺のところであがきながらグルグル回っている。俺はここで終わるのか？」

利益を一気に、例えば10倍にするには、どうすればいいか。大きくジャンプして次元を変えられるような、大胆な作戦が必要だ。その方法を考え、実行しなければ、これ以上会社を大きくできない。

「何としてもここから抜け出すぞ」

河原は、底辺のループを脱出してネクストレベル、次のレベルに上がる方法を考えに考えた。

「結局は、お客さまの数とスタッフの登録の数を増やすしかないよな。それは、分かっている」

「でも、お客さまを増やせる営業はいま、自分一人しかいない。かといっていまの状態では社員は増やせないし、俺と同じように売ってくることができるとは限らない」

「DMとかネット広告とか、宣伝すれば、人が売らなくても仕事が入ってくるかもしれない」

「けど、中途半端にやったんじゃあ、1件も仕事が取れなくて『捨て金』になってしまう。かといって、大々的にコマーシャルするお金はないもんな」

あまりにも考えすぎて、一人ノリツッコミしているような状態になってしまった。

それはまだ続く。

「仮に宣伝して仕事が取れたとしても、仕事に行く登録スタッフがいなければ、売上にならないばかりか、信用を失うことにもなりかねない」

「逆に求人を先にしても仕事がなかったらだめだし、求人するにもお金がかかるよな」

まさに、にわとりが先か、卵が先かの状態だ。


そして、ついに、河原はかなり思い切った戦略に出る。

求人と企業への宣伝を同時に、しかも大々的に実施するという作戦だ。

この手法自体はそれほど珍しいやり方ではないが、当時のネクストレベルの会社規模でこれをやってしまう大胆さが、河原のすごいところ。しかしこれが、ネクストレベル急成長の起爆剤になる。


戦略はこうだ。

まず、いままででは考えられないくらいの予算を使って求人誌に広告を出す。すぐに仕事がほしい人たちが続々と集まってくる。

一方、求人広告と同時にＦＡＸ－ＤＭを、50万社に送る。１％でも、いや０・１％でも反応があれば５００社から新規の仕事の依頼が入る。

それをかたっぱしからマッチングしていくというものだ。

これなら、新規に営業をかけなくても問い合わせが来る。営業社員は問い合わせ対応に集中すればいいから、同じ人数でもいままでの数倍の量の仕事を取ることができる。しかも、仕事を受けてから求人するのではなく、すでに派遣する人が集まっている状態だから、すぐにマッチングできてさらに効率は上がる。

「これならいまのままの人数で利益10倍もいける」

求人については、費用をかけるのだからそれなりに集まるだろう。

ＦＡＸ－ＤＭはどうなのか。反応がまったくなかったら、この戦略は失敗だ。

ちなみに、ＦＡＸ－ＤＭは届けたい企業の内部にあるＦＡＸの機械へ直接送ることができるため、当時、ダイレクトマーケティングの手法の一つとして注目されていた。封書のＤＭのように開封の手間もなく、書かれている内容がすぐに目に飛び込んでくるというメリットもある。

そんなＦＡＸ－ＤＭに目をつけた河原は、早速、デザインに取りかかった。そこに、彼の営業センスが光る。３年間、社長自身が営業に飛び回り、トップセールスとして活躍してきたからこそ、「どうすれば仕事をもらえるのか」「どんな言葉に反応するのか」よく分かっていた。

今回は、短期人材サービスを使ったことのない企業のところにもＤＭが届く。短期人材サービスを使うメリットを分かりやすく伝えるだけでなく、不安も払拭しなければならない。「このサービス、いいな」と思っても、金額や条件が不明確だったら、初めてのところに依頼したりしないからだ。

ＦＡＸ―ＤＭにはこう書いた。

「御社の人手不足をすべて解決します」
「急遽、人が足りないときはいつでもお使いいただけます」
「お使いいただけるのは3時間から8時間の間で、1時間でこの料金です」
「前日15時までにご連絡いただければＯＫです」
「1名から100名まで用意できます」

他にも、いつも営業に行ったときに企業から質問される内容を全部書いた。

これが当たった。

今では、広告に料金や条件が書かれているのは当たり前だが、当時、短期人材サービスの会社の広告には、サービス料金が明記されていなかった。「こんなときに使えます。便利です」といったことは書かれていても具体的な内容がなく、ふわっとしたものがほとんど。だから、企業は「使ってみたい」と思っても、手を出せずにいたのだ。

そこに「お使いいただけるのは3時間から8時間の間で、1時間でこの料金です」と書かれたDMがFAXで届く。文字が自然に目に飛び込んでくる。「あれ、短期人材サービスだからかなり高額かと思ったけど、この値段なら頼みたい」となり、「え？　前日15時までにご連絡いただければOKです？　ええな。問い合わせてみよう」となる。

消費者は感情で動くが、企業の場合は経済合理性が主な判断基準になる。河原はそれを分かっていたから、金額や条件だけでなく、「なぜ短期の人材サービスを使う必要があるのか」「なぜネクストレベルを利用しなければならないのか」を、DMのなかに分かりやすく記載した。

他社が誰もやっていない早期に、表現に工夫を加えたDMを送ったのだから、当然のように反響はすごかった。連日、電話が鳴り止む間がないくらい問い合わせが入る。しかも「緊急に人がほしい」という切実な状況で電話をかけてくるため、問い合わせの10社中8社の割合で受注できた。

これまで、アポイントを取るための電話をかけても、飛び込みで営業に行っても、ほぼ断られてきたことからすれば、天地の差だ。

一方、求人広告の反応も良かった。当時は漫画喫茶族、アルバイターなどがたくさんいて、みんな仕事を探していた。だから登録したい人も殺到。そのおかげで、タイミング良く需要に応えられた。

ところで、FAX—DMに書いた「100人まで用意できます」は、かなり大風呂敷を広げているようにも思える。もちろん、「明日100人」のオーダーが来れば河原は何とかするつもりだった。だが、「100人まで用意できます」の記載は、実は河原の戦略だ。「100人用意できます」と書いてあれば、初めて見た会社でも「10名まで用意できます」よりずっと大きい会社という気がするし、信頼度が増す。

それに、「明日100人必要という状況は、現実的にはほとんどない。そんなことがあったら、企業は相当パニックになっているはず。また、本当に明日100人ほしいという状況があったとしても、見ず知らずの会社に100人全部を依頼する、そんなアホな会社はないだろう」というのが河原の目論見だった。

結果的には2～3名から10名といったオーダーが一番多かった。

嘘はだめだが、実力ぎりぎりのハッタリをかますくらいの心理戦に強くなることも、成功者には必要な要素だ。

とはいえ、FAX－DMを送ったあとの1～2週間は、「本当に100人の依頼が来たらどうしよう？」と、内心ドキドキの河原ではあった。

こうして、求人広告と同時にFAX－DMで仕事も募集する、大胆な戦略は大成功。1度だけでなく、毎月これをやり続けることで、底辺でグルグル回っているループを完全に抜け出した。レベルアップし、なおかつ上昇しながら回るループへと変わったのだ。

4. 大胆な戦略でスケールする

仕事が次々に舞い込んでくるから、登録スタッフの数も相当に増やしていかなければならない。

当時、アルバイト人材を募集するときの広告媒体としては、駅などの人通りの多いところで無料配布されているフリーペーパータイプの求人誌が主体だった。河原は複数の求人誌を使って募集していたのだが、その広告にかける費用はかなりの金額になっていった。

そんなネクストレベルに目を付けたのが、誰もが名前を知っている業界大手の求人誌Aだ。

なんと、このAの編集部が、「コラボ企画をやりませんか」と言ってきた。Aにとってネクストレベルは、毎月、広告を掲載してくれているお得意さまだ。しかもその額はだんだん増えていく。「ネクストレベルを支援すれば、もっと事業規模が大きくなって、もっと広告を出してくれるだろう」と思ったのかもしれない。とにかく、コラボ企画は実現した。

街で見かけるAの表紙に、今号の特集として「A×ネクストレベル」というタイトルが大きく掲載された。フリーペーパーなので、それが駅などの人が集まる場所の専用ラックにズラリと並ぶ。梅田駅のいたるところにあるラックにも、表紙にでかでかと「A×ネクストレベル」と書かれた求人誌が並んでいる。

その様子は圧巻だ。

「これでお客さまからの信用も大きくなる。スケールするとはこういうことか」と河原は実感した。

底辺でぐるぐる回るループ。例えば、経済的に苦しい人はずっと苦しい。仕事ができない人はずっとできない。そんな負のループから抜け出すのはかなり難しい。抜け出せないからループなのだ。

ちょっとの努力とか、ちょっとの方向転換とか、そんな生やさしいことでは何も変わらない。大きく一段上げるには、次元を変えるくらいの大変革が必要だ。

大成功しているベンチャー企業は、過去に成長が止まってしまったとき、思い切った戦略を立て、それを実行したからいまがある。しかし、スケールしたいときには通常、事業計画を投資家にアピールし、資金調達してから実行する。

投資家に提出する事業計画は「1年目は赤字ですが、2年目から黒字化します。○年後には、これくらいの利益が出ます」という計画がほとんどだ。そして赤字の1年目を乗り切るために資金調達をする。

しかし、このときの河原は、資金調達するという方法を知らなかった。つまり、1年、いや、1カ月でも赤字を出せば終わりという状態で、この大胆な戦略を実行したのだ。

河原がこの戦略を実行したとき、資金に余裕がある状態ではなかった。では、どうやって求人広告と仕事募集のＦＡＸ―ＤＭを送る費用を捻出できたのか。

まず、１ヵ月目。求人広告を打つ。その支払いは翌月末でいい。ＦＡＸ―ＤＭを送る。その支払いも翌月末でいい。一気にかけた勝負で、仕事の依頼と登録スタッフが急増する。仕事を回した分、登録スタッフには賃金を支払わなければならない。これをいまある手持ちのお金で賄う。その月の月末には、勝負をかける前の月の仕事のお金が入ってくる。

そして、２ヵ月目。また、求人広告を打つ。その支払いは翌月末でいい。ＦＡＸ―ＤＭを送る。その支払いも翌月末でいい。仕事が増えているから、２ヵ月目の登録スタッフへの賃金の支払いはかなり苦しい。自分たちの給料分まで支払いに回した。

しかし、その月の末日には、１ヵ月目の勝負をかけた月の売上分が入金される。それはいままでになく巨額だ。ここで初月の広告求人費用とＦＡＸ―ＤＭの費用と、未払いになっていた給与を払ってもかなり残った。

これを繰り返す。３ヵ月目以降はおもしろいように利益が出るようになった。

途中で「A×ネクストレベル」企画の追い風もあり、完全に底辺のループを抜け出した。抜け出したばかりではなく、会社を、上昇するスパイラルに乗せることに成功したのだ。

ユニークな発想と行動力は、河原が持って生まれた才能だ。

この戦略は、1回目で効果が出なければ失敗であり、会社は終わっていた。大きな賭けに大勝ちした河原は、持っている男でもある。

才能＋運。それを全開にして、河原はこのあと、ネクストレベルをものすごいスピードで成長させていく。

第2章

全国展開へ

1．ＫＰＩの戦略的活用

「これくらい求人広告をすれば、これくらいのスタッフの登録がある」

「こんな広告媒体を使って企業にアプローチすれば、○件の問い合わせがあり、○%の割合で受注できる」

「営業促進のためにテレアポの部署を新設したが、いま、○件電話して○件の受注につながっている」

「その結果、これだけ利益が出る」

毎月の数字が読めるようになってきた。

そして、河原は思い出した。起業前に勤めていたライト通信の諸石竜也社長、河原が「こんな人になりたい」と思い、起業のきっかけとなった社長が言っていた「KPI」という言葉を。※諸石竜也氏との出会いについては第7章で紹介する。

KPI（Key Performance Indicator）とは、重要業績評価指標のこと。目標達成の過程における達成度や進捗を、組織や個人ごとに観測するための指標のことをいう。事業目標を達成するためには、目標達成のために必要なプロセスが適切に行われているかを数値化して、評価しなければならない。

例えば、営業であれば、アポイント獲得件数や訪問件数、受注件数、リピート率などをKPIとして設定することで、目標に到達するための進捗度合いを正確に把握することができるようになる。

河原はKPIについて、もう一度しっかりと学び直し、事業目標を立て、それを実現するためのKPIを設定した。目標が明確になり、目標達成のための行動が数値化されることで、社員全員が方向性を誤ることなく目標に向かっていける。当然、目標達成率も上がっていった。

当時、同業のなかで、ＫＰＩ設定によるマーケティングを行っていた会社はほとんどない。ネクストレベルは、ＫＰＩをいち早く導入・活用・徹底することで、組織力を強化し、優位性を高めていくことに成功した。


ＫＰＩを設定することのメリットは、目標に対する実際の達成度を観測することで、課題を見つけ、改善につなげていくことができる点にある。

現在、ネクストレベルに設置されている『継続率研究会』も、ＫＰＩに基づいて観測を続けるなかで、課題として取り上げた「継続率」を改善するために生まれたものだ。

例えば、１０００社の契約のうち、次の年にも依頼が来るのが６００社だったとする。つまり継続率は60％だ。次の年には50％、その次は40％と減っていく。では、この継続率を常に65％に保つためには、どのような施策を取ればいいか、『継続率研究会』でアイデアを出し合い、議論し、実行する。『継続率研究会』は、新入社員から幹部まで、社員なら誰でも参加できる会議だ。より多くの人に参加してもらい、意見を出しあうことで営業戦略をブラッシュアップさせていくことが狙いだ。

ちなみに、いい意見であれば即採用なので、社員のモチベーションアップにもつながっている。

新しく実行した営業戦略のなかには、Ｆａｃｅｂｏｏｋを活用したプロダクトローンチといったマーケティング手法もある。名刺交換した人と友だちになり、さまざまな情報を提供していくなかで徐々に短期人材サービスの購買意欲を高めていき、しかるのちに「一度会ってお話しできませんか？」とメッセージを送ると、１００％に近い確率でアポイントが取れるというものだ。

河原は、いまの時代では当たり前になっているＳＮＳを使ったマーケティング手法を、いち早く、他社がまだ手をつけていない時代から実行している。だから反応も大きい。他社がやっていない手法という点では、ＦＡＸ－ＤＭもそうだ。

「他社がやっているから、うちも真似しよう」ではなく、誰もやっていないから「これをしよう」と思う、そのゼロからの発想はどこから生まれてくるのか。そして、それがどうして当たるのか。

直観的に物事を把握して良し悪しを判断できる勘の鋭さ、それが河原の才能だ。底辺のループから抜け出したときと同じように、才能＋運で、ネクストレベルを安定して利益が出せる会社へと成長させていった。

2. 支店展開

ビジネスモデルや営業戦略をブラッシュアップさせることで、営業未経験の社員でも対応できるようになったし、チーム制にしてマネージャーがメンバーを管理できるようにするなど、組織の体制も整えた。

仕事は増える、社員も増える。

「このまま一つの拠点だけで会社を大きくするのには限界がある」と河原は感じ始めた。

「売上を上げる仕組みと、仕事を回す仕組みはできた。つまり、儲かるビジネスモデルのパッケージができたということだ。これを全国に横展開したい。大阪だけのマーケットで勝負していたら、これ以上会社は大きくならない」

河原は支店展開を実行に移した。

「まずは、東京だ！」

2012年、経験豊かな大阪のスタッフを引き連れ、新宿にレンタルオフィスを借りて、経費を抑えつつ、求人広告と営業広告の二刀流でビジネスを開始した。

大阪で成功しているので、すぐに軌道に乗せる自信があった。

しかし、思うように売上につながらない。問い合わせは来るのだが、受注できないという状態が続いた。

「大阪だったら、問い合わせをもらって会社を訪問して、相手に会えさえすれば、仕事をもらえたんだけど……。東京だと、会いに行っても取引してくれない。なぜだ？」

調べてみた結果、こんなことが分かった。

東京には同業者がたくさんいる。仕事を依頼する側は、依頼する順番を決めていた。まず取引のあるA社に依頼する、数が足りないときはB社、次にC社と問い合わせをして、最後に「そういえば、なんか営業が来てたな。ネクストレベル……。知らない会社だけど背に腹は代えられないから、電話してみよう」という流れになる。ニーズがある企業は、すでに取引先があるから、ネクストレベルはお客さまにとっての一番にはなれない。最後の手段として問い合わせが来るので、受注人数は1人とか2人など、少人数だった。

「思っている以上に売上が伸びない」

河原は、わずか1年で東京進出をあきらめて撤退した。

大阪に戻ったものの、すっかり仕組みができている本社では、河原も手余りになる。また、マネージャークラスの社員も育ってきたので、支店展開して彼らの活躍の場もつくってあげたい。「やっぱり、どうしても支店展開したい」と思っていたそのとき、東京支店を任せようと思っていた社員が「もう一度、挑戦させてください」と言ってきた。

再度、東京支店の出店にチャレンジする。今度はレンタルオフィスではなく、正式に事務所を借りた。場所は1回目と同じ新宿だ。大阪から社員が出張スタイルで行くのではなく、支店長やマネージャー以外は現地採用にして、後には引けない状況をつくった。

しかし、1年前と状況は変わらず、成果になかなかつながらない。

「どうしようか」

正直、河原は迷っていた。

しかし「もう大阪には帰りたくありません。絶対に成功させますから、もう少し時間をください」と支店長の決意は固い。その想いは、スタッフ全員に伝播し、みんなで力を合わせて営業活動に没頭した。そして1年後、徐々に名前が知られるようになり、収支は黒転。安定して事業を回せるようになった。

ここで学んだのは、「支店の事業を成功させるためには、マーケットの地域性を考えて営業活動を行わなければならない」ということ。働きたい人のニーズと、サービスを利用したい会社のニーズはどれくらいあるか、競合はどれくらいいるか、サービス料金はどれくらいが妥当か、どんな広告媒体が有効か、短期人材サービスの認知度はどれくらいか、地域によって状況が異なる。その状況に合わせて戦略を立てなければ事業は失敗する。マーケットの地域性を考慮して、その地域の登録スタッフが増えるように求人を出し、その地域のお客さまがネクストレベルを選んでくれるようにプロモーションして営業活動したからこそ、東京支店を軌道に乗せることができたのだ。

そして、もう一つ、東京支店開設の失敗から学んだことがある。それは、「いくらビジネスモデルが良くても、いくらビジネスを回す仕組みが完成していても、本気度が足りなければ事業は成功しない」ということだ。東京支店出店の1回目は、すぐに逃げられるような状況をつくってしまっていた。オフィスもレンタルだし、人員も本社からの出張体制。しかも、大阪で儲かっていたから資金に余裕もある。「だめだったら、やめればいい」という気持ちが、どこかにあった。

しかし2回目は違う。逃げられない状態をつくって、全員が本気で取り組んだ。

社長募集プロジェクト（現：社長ファイトクラブ）で、出資する条件として「やる気」を挙げているのは、このときの経験からだ。地域性を考慮したビジネスモデルとオペレーションは確立されているし、運転資金は用意されているのだから、あとは一番大切な「やる気」をプラスすれば、必ず事業は成功する。いやそれがないと、いくら環境が整っていても成功しない。河原は、「東京支店開設の一件で、スタートアップ成功の完全無欠の法則が見えてきたぞ」と思った。

東京支店を軌道に乗せるまでにはかなり苦労した。しかし、河原はこう思っていた。

「確かに大変は大変だったけど、創業1年目、2年目のあの地獄のような状態から比べれば、ぜんぜん楽だったな」

そして、「支店を出して軌道に乗せるコツは分かった。東京ができたんだから、あとは簡単なはず」と、全国への支店展開を開始した。

2013年10月、名古屋支店を開設。これで3大都市は押さえた。

「これからはもっとスピードアップして支店展開しないと。1年に1ヵ所とか悠長なことを言っていたら、成長が鈍化する。それに、支店長を任せられる人材が社内にはたくさんいる。何年も大阪に留まらせておくのはもったいない」

河原は、支店展開を勢いづけるために、大阪本社の社長室の壁一面に日本地図を描き、大きな文字で『全国制覇』と書いた。そして、地図のうえに、支店を出したい地域を印付けしていった。

これを毎日見ることで、「何が何でも全国制覇を達成する」という強い気持ちを持ち続けられる。そして、「大阪と東京、名古屋の3つは制覇した。残りの地域にも必ず支店を開設する」と自分に誓った。

２０１５年4月に金沢支店開設。その後、6月に横浜支店、7月に福岡支店、神戸支店、12月に京都支店、広島支店、２０１６年4月に浜松支店、埼玉支店と、1年の間になんと8支店を開設。とんでもない速さだ。こんなスピードで支店開設する会社は前例を見ない。

壁に書いた『全国制覇』の文字と日本地図のパワーなのか。いや、書いて貼っても目標達成できる人は少ない。河原の「何としても会社を大きくしたい。業界で『イチバン』になりたい」という強い想いが、この支店展開を加速させた。

２０１７年2月に北九州支店、9月に千葉支店、12月に品川支店を開設。勢いはまだまだ止まらない。２０１８年10月に仙台支店、11月に札幌支店、２０１９年2月には松山支店、岡山支店、新潟支店、沖縄支店をスタートさせた。

２０２３年3月現在、北は北海道から南は沖縄まで、支店は25ヵ所に広がっている。

第3章

プラットフォーマーへの転換

1. アナログからの脱却

ある日、大阪のネクストレベルの本社オフィスに何百人もの長蛇の列ができていた。その行列がどこまで続いているか、先頭から最後尾まで追ってみる。先頭はネクストレベルの受付。そこから廊下へ、そして階段へと続く。12階から1階まで階段を下りても列は終わらず、ビルのエントランスから外へ出たところで、やっと最後尾が見えた。

道行く人が「何の行列?」と聞いてくる。さすが大阪だ。

「バイト代をもらいに来たんです」と答える。これも大阪だ。

「大変やな。頑張ってな」

「おおきに」

創業からずっと、登録スタッフの賃金の支払いは、現金手渡しで行ってきた。短期人材サービスなので、一人当たりの支払い金額がそう多くないのに、件数はやたらと多い。銀行振込にすると、かなりの手数料がかかってしまうからだ。それに、もらうほうも、明日の振込より今日の現金がうれしい。

ここまでの行列になることはめったにないが、大きなイベントに大量派遣したりして、その日の派遣数が多いと、こうなってしまう。

ビルの他のテナントから苦情が来ることもあった。

「時代はインターネットやのに、なんでうちだけアナログやねん。なんとかしないと……」

業務のシステム化は以前からの課題であった。1年で8拠点というスピードの支店展開に没頭していたので後回しになってしまっていたが、支店が増えたからこそ、早急に取り組む必要があった。

2016年、河原はシステム開発に着手する。

システム化したい業務は「賃金の支払い」だけではない。例えば、「エントリーシートの保管」だ。エントリーシートとは、登録スタッフのプロフィールや職務経歴、希望する条件などが書かれた、履歴書のような書面のことだ。労働者派遣法で3年間の保存が義務づけられている。

エントリーシートは、1日でも相当の数が増えていくのに、それを3年間も保管していると、オフィスの一部屋が、天井まで全部書類で埋め尽くされるほどになってしまった。

書類をスキャンして保管しても、それはコピー（写し）としてみなされるため、紙の書類は紙で保管するしかない。しかし、最初からシステムに入力して作成すればそのデータが原本になり、かつ、安全にサーバに保管されて場所は取られず、3年後に自動的に消去できる。

社内業務のシステム化だけでなく、WEB化、アプリ化したいこともたくさんあった。スタッフの登録はアナログだとかなり面倒だ。募集をかける、問い合わせが来る、来社してもらう、面談する、エントリーシートに記入してもらう、PCに手入力する。登録をWEB化、アプリ化できれば、応募者は自分で入力するだけで登録が完了。ネクストレベルは何もしなくても自動的に登録者のデータが貯っていく。

仕事のマッチングも同じだ。WEB上、アプリ上に企業の仕事の募集を掲載すると、「その仕事、やりたいです」と登録スタッフが勝手に応募してくるし、マッチングまで自動でできる。さらに、社内業務システムと連動すれば、登録スタッフへの賃金の支払いまでやってくれて、エントリーシートも自動的に作成される。

「これ、全部できたらすごいな。もっともっと仕事をたくさん回して会社の規模をグンと大きくできる。それに、うちの社員も事務作業から解放されて、登録スタッフやお客さまへのサービス向上に集中できるから、競争力もアップする。これは、やるしかないな」

河原は複数のＩＴ会社から見積もりを取ってみた。

天文学的な数字が出てきて、「えっ？」となる。

「やりたいけど、この金額は無理だな」

これまでに培ってきた人脈を頼って、いろんな人に相談していると、ある人が、求人関係のシステムに強いＩＴ会社を紹介してくれた。もちろん、金額はそれなりにするが、融通もしてくれるし、何より求人関連の実績があるから安心感がある。

「会社の爆発的成長は、これをつくり上げることができるかどうかにかかっている。こうなったら業界日本一を目指したい。そのためにも、システムを一刻も早く完成させなければ」

河原はしばらくシステム開発に力を注ぎ、2017年にWEB版をリリース。その機能をアップデートしながらアプリ開発を行い、2019年に、スキマバイトアプリ『ネクストレベル』をリリースした。もちろん、アプリはその後もユーザーの声を反映しながら、年々バージョンアップしている。

「なんでアナログやねん」から始まったこのシステム開発こそが、ネクストレベルを『人材派遣会社』から『プラットフォーマー』へと大転身させるきっかけとなった。ここから河原はHR—TECH業界へと足を踏み入れることになる。

河原の目標は「短期人材サービス業界ナンバーワン」から「スキマバイトのプラットフォーマー・ナンバーワン」へと変化。のちには、プラットフォームビジネスの枠を超えたユニークなHRサービスを次々と展開し、目標はやがて「HRマッチング業界ナンバーワン」へと進化することになる。

2. 業界最大級のプラットフォームの誕生

さて、話を戻そう。アプリ『ネクストレベル』は、どのような経緯で業界最大級のプラットフォームになったのか。

河原は支店展開と同時に、グループ会社戦略も進めていた。

支店展開では、本社で全事業の進捗や売上の管理をしなければならず、支店が増えれば増えるほど、その負担が大きくなる。その点、グループ会社戦略なら、それぞれの会社で事業を進めていくので、管理の負担を軽減できる。

「かなりの勢いで支店を増やしてはいるけど、もっと成長を加速させたい。支店展開では限界がある。これからはグループ会社戦略だ」

思い立ったら即実行。2017年6月には、2社のグループ会社を設立する。河原は2人の起業家に資本提供すると同時に、それぞれの会社の経営者に成功ノウハウを研修して教え込んだ。その後2社は、独自運営でスキマバイトのマッチングビジネスを行うようになる。つまり2社は、社長募集プロジェクト（現：社長ファイトクラブ）の第1号と、第2号である。

グループ会社ではあっても、会社運営は社長に任せているため、登録ワーカーの募集もそれぞれの会社で独自に行っていた。

「グループ会社なのに、こっちでも募集して、あっちでも募集してって、ムダじゃないかな？ネクストレベルのシステムをみんなで共有したら、ワーカーをシェアリングできるのに」と考え、自社だけでなく、3社で使うことにした。

ワーカーはネクストレベルのプラットフォームに登録するだけで、3社に依頼が来ている仕事情報を一括で確認できるため、仕事の選択肢が増える。

一方、会社側は、ネクストレベルのプラットフォームに登録したワーカーを共有できる。

この『とんでもない発想』が、ネクストレベルのシステムを『自社の業務システム』から『業界最大級のプラットフォーム』へと変えるきっかけとなる。

「3社だけじゃなく、もっと多くの会社に使ってもらってワーカーをシェアリングすれば、すごいことになるぞ！」

この時点で河原の目標は、「短期人材サービス業界ナンバーワン」から「スキマバイトのプラットフォーマー・ナンバーワン」へと進化した。

「ネクストレベルのプラットフォームをもっと多くの会社に使ってもらいたい。どんな人たちに提供すれば、お互いにWIN-WINになれるだろうか」

河原は考え、そしてひらめいた。

「起業したい人はいっぱいいる。彼らに武器としてこのシステムを提供すれば、会社の成長をバックアップできる」

社長募集プロジェクト（現：社長ファイトクラブ）を企画し、起業したい人に出資してグループ会社の社長を次々に輩出。ツールとしてのプラットフォームを提供し、彼らのビジネスを支援していった。2017年に設立した2社に始まり、2018年には3社を設立。2019年には11社、2020年には12社を設立するなど、驚異のスピードでグループ会社を創出していく。

2023年3月現在のグループ会社はなんと40社。しかも、まだまだ会社創出の勢いは止まっていない。

「このままグループ会社を増やしていけば、いつかはスキマバイトのプラットフォーマー・ナンバーワンになれるかもしれないけど、もっと速くできないかなあ」

グループ会社設立を異様なスピードで展開しているのに、河原はさらに成長を加速させようとしていた。

「一歩ずつ前進する」というような考えは河原にはないらしい。

河原の『とんでもない発想』は、常識の枠を超えていく。


「グループ会社だけでなく、他の人材派遣会社にも使ってもらおう。そうすれば、ワーカーはネクストレベルのプラットフォームに登録するだけで仕事の選択肢が増えるから『うれしい』。人材派遣会社はワーカーをシェアできるから『うれしい』。そして、求人企業は数多くのワーカーの中からマッチングが可能になって『うれしい』」

まずは短期人材サービスを行っている会社に、「このプラットフォームを使いませんか」と声をかけていく。派遣会社にとってはメリットが大きい仕組みなので、契約する会社はどんどん増えていった。

予想もしなかったのは、長期派遣の会社からも「使わせてほしい」と申し込みがあったことだ。理由を聞いてみると、「長期派遣サービスを利用していただいているお客さまから、急に短期派遣の依頼をされることがよくある」のだとか。

ネクストレベルには、すでに全国の「短期かつスポットで働きたいワーカー」のデータベースがある。だから仕事の情報をアプリに掲載さえすれば、すぐに求職者から応募が来る状況にある。長期人材派遣の会社でも、スキマバイト事業をいますぐスタートできるということだ。

もっと言えば、「これからスキマバイトサービスのビジネスを始めたいです」という会社も、このシステムがあれば求人に困ることはない。人材派遣会社だけでなく、新たに人材ビジネスに参入したい企業、今までお客さまだった企業で求人を内製化したい会社にも声をかけていった。例えば、「グループ会社として派遣会社を設立したけど、会社運営のコストを考えるとなかなか一歩が踏み出せない」という物流会社、「短期派遣のニーズに応えたいけどワーカーの確保が難しい」という長期人材派遣会社、「ワーカーさえ確保できれば自社で受注できるのに」というイベント会社など。そういった企業の悩みは、ネクストレベルのプラットフォームを利用することで解決できる。

初めてスキマバイト業界に参入する企業に向けて「スキマバイトサービスの構築に関するご案内」というプレゼン資料をつくり、さっそく営業を開始した。

企画書は、ネクストレベルのサービス説明から始まる。なぜなら、人材業界のなかでもスキマバイトはニッチな分野であり、知らない人も多いからだ。

「ネクストレベルのスキマバイトサービスとは、急遽人手が足りないとお困りのときに1名~100名単位で人材をマッチングするサービスです」

「対応している業種や職種はこれだけあります」

「対応エリアは日本全国です」

「グループ会社、加盟企業で人材の情報を共有する日本最大級のスキマバイト・プラットフォームを保有しています」

「現在、グループ会社は40社、加盟企業は100社を超え、登録ワーカーは300万人を超えています」など。

次に、スキマバイトサービス事業の現状、ネクストレベルが選ばれる理由、プラットフォームを使うメリットなどが分かりやすく書かれている。

プラットフォーム利用企業には、運営マニュアルの貸与から、設備・備品の設置、内外装・改装に関する指導、従業員の教育・訓練、販売促進活動、会計に関する指導まで行う。ネクストレベルから優秀な営業マンを送り込み、つきっきりでシステムの活用術を教えて、「売上が伸びない」という悩みも解決していった。

プラットフォームの利用企業の募集をスタートしてから4年間で、グループ企業とは別に全国60社もの企業が加盟している。

河原は、社長室の壁の『全国制覇』の文字を『天下統一』に変えた。次のレベル、ネクストレベルに挑戦したかったからだ。

『全国制覇』の文字を書いたとき、河原の目標は「短期人材サービス業界ナンバーワンになる」ことだった。その実現のために、壁に描いた日本地図のうえに支店を出したい場所をマーキングし、毎日それを見ながら支店展開に精力を注いだ。

その後、ネクストレベルは人材派遣会社からプラットフォーマーに転身。目標は「スキマバイトのプラットフォーマー・ナンバーワンになる」に進化した。支店展開にグループ展開が加わったが、サービスを全国47都道府県に拡げていくという方針は変わらない。それなら文字は『全国制覇』のままでいいはずだ。ではなぜ『天下統一』に変えたのか。

河原はスキマバイトのビジネスを突き詰めていくうちに、「スキマバイトはいまの時代にあっているすばらしい働き方だ」と思うようになった。働き方改革が推進されるなかで、スキマバイトならスタイル多彩に時間も自由に働ける。副業にも最適だ。希望の時間に希望する仕事がすぐに見つかるとは限らないという不安定さや、経験が蓄積されないという課題はあったが、河原たちの知恵とアイデアで、プラットフォームにその課題を解決できる仕組みを搭載した。

「スキマバイトという働き方は、一つの企業に属する必要がなく、働く上での自由度が高い。しかも、ネクストレベルのプラットフォームを使えば、仕事をしたいときにすぐ見つかるし、経験の蓄積もできる。アルバイトという働き方が全部スキマバイトに変わったら、働く人はみんな幸せになれるんじゃないかな。そのためには、このアプリをスキマバイトしたい人みんなに使ってもらえるようにならないと」

「スキマバイトのプラットフォーマー・ナンバーワンになる」という目標は、アルバイトに代わるスキマバイトという働き方をスタンダードにするための手段だ。

そして、業界にイノベーションを起こすためには、グループで連合軍をつくり、若き経営者たちと想いを一つにして目標に向かって取り組んでいかなければならない。

『全国制覇』ではなく『天下統一』。

その文字には「スキマバイトをすばらしい働き方に変えられるネクストレベルのプラット

フォームを、日本中の人に使ってもらいたい。そして、仲間たちと連合軍を組み、業界を変革したい」という想いが込められている。

第4章

ネクストレベルが選ばれる理由

1．システムのアップデート

支店展開とグループ展開、それと同時進行で、システムにさまざまな機能を追加してアップデートしていった。

そこに、後述する『マッチングの独自性』を加えることで、アプリ『ネクストレベル』は、ワーカーからも、仕事を依頼したい企業からも支持され、利用ワーカー数、稼働数ともに日本最大級のスキマバイトのプラットフォームへと成長することになる。

ちなみに、支店展開とグループ会社設立を高速で推進していた2018年の4月に、持ち株会社のネクストレベル ホールディングス（以下、ネクストレベルHD）を設立。以来、河原はグループの代表として、プラットフォームの運営を行うとともに、ネクストレベルを含むグループ内各社の経営戦略立案や意思決定を行っている。

ここで、「アルバイト」「パート」「短期人材サービス」「ギグワーク」「スキマバイト」など、短時間の働き方を表す言葉の意味を整理しておきたい。

アルバイトとパートは法律上、どちらも「パートタイム労働者」に分類される。「一週間の所定労働時間が、同一の事業所に雇用される通常の労働者の一週間の所定労働時間に比べて短い労働者」のことを指す。ただ、アルバイトは若者、パートは主婦というイメージがあり、求人する側もそのイメージで言葉を使い分けている。

短期人材サービスとギグワーク、スキマバイトは、アルバイトやパートと同じ短時間の働き方だが、違うのは「単発の仕事」であるということ。

短期人材サービスは、ネクストレベルのような人材派遣会社に登録して、派遣社員として短期・単発の仕事をするスタイルで、給料は人材派遣会社から支払われる。

一方、ギグワークは2019年ごろからアメリカで使われはじめた言葉だ。フードデリバリーの人たちをイメージしてもらうと分かりやすいが、雇用主が存在せず、個人事業主として働き、発注者から時間単位で業務を請け負う。

スキマバイトは、専用のプラットフォームを使って、短期・単発の仕事への応募と勤務ができるというもの。勤務時間や勤務地、時給や仕事内容などを見て、自分の希望条件にあう仕事に応募し、採用されたら働く仕組みなので、雇用主にしばられることなく、自分の都合に合わせてスキマバイトをすることが可能。給与はプラットフォームを通じて支払われる。

2. WIN-WIN-WIN-WIN

2023年現在のアプリ『ネクストレベル』について紹介しよう。

『ネクストレベル』はワーカー（登録スタッフ・求職者）専用のアプリ。ワーカーはこのアプリを使用して自分で働きたい仕事を探せる。

全国の求人情報が掲載されていて、絞り込み機能も充実。「エリア指定」「勤務したい日」「職種」「作業の開始時間帯」など多彩な項目で検索を行い、自分にあった仕事を見つけることができるのだ。

「この仕事いいかも」と思ったら詳細画面に移動して簡単な仕事内容、契約期間や試用期間、加入保険などの基本情報を確認。希望の仕事にエントリーしたら、マイリストページで作業日時、当日の持ち物や服装、集合場所まで詳しい情報を見ることができる。

以前に勤務したワーカーのコメントや評価も閲覧できるため、仕事に行ってから「思っていたのと違っていた」ということも避けられる。

また、仕事に応募したあとは、出発確認、集合確認、仕事完了など、確実に仕事ができるよう誘導してもらえる機能もあるため、このアプリの指示に従えば、次に何をすればいいか迷うことなく、安心して働けるというわけだ。

仕事完了を報告すると給与の内訳が表示され、アプリ上に給与が貯まっていく。給料予約をすれば、翌日の振り込みか、月末かを選べるし、当日日払いも可能。さらに、源泉徴収票のダウンロードもできるから、確定申告するときや収入の証明が必要なときに便利だ。

ワーカーにとって超便利なアプリ『ネクストレベル』。そのユーザーは爆発的に増え続けた。

一方、スキマバイトサービスを利用したい企業にとってはどんな利便性があるのか。ネクストレベルのホームページには「この日、忙しいを解決する」サービスとある。

利用のメリットは何といっても98%という高いマッチング率だ。即日で依頼することもできる。

ではこのプラットフォームを使ってビジネスを行っているグループ会社や加盟企業のメリットはというと、第一にワーカーをシェアできるから求人の手間がかからないことだ。また、ワーカーへの給与の支払いも「給与前払いサービス」により自動で行われるため、ワーカーへの給与の振込の手配が不要になるし、キャッシュを持たなくても支払いができる。この機能だけでもプラットフォームの利用価値は高い。他にも、システム内の便利な機能や本部であるネクストレベルHDからの手厚いフォローによって、事業を推進しやすくなる点が挙げられる。

つまりこのプラットフォームは、ワーカー、求人企業、短期人材サービス会社、ネクストレベルHDの、WIN‐WIN‐WIN‐WINを実現する仕組みなのだ。

河原に言わせると「使わない理由が思いつかない」というプラットフォームであり、サービスなのである。

3. ネクストレベルが選ばれる理由（ワーカー編）

働き方改革の一環として、2018年に発表された「副業・兼業の促進に関するガイドライン」の影響で、副業を許可する企業が増え、副業を希望する会社員が急増している。もちろん、学生やフリーター、主婦の「アルバイト・パートで働きたい」人も相変わらず多い。そして、副業の場合も、アルバイト・パートの場合も、「スキマ時間や急に空いてしまった時間を効率的に利用したい」というニーズが高まっている。

一方、企業側はどうだろう。2023年1月時点で人手不足を感じている企業の割合は、正社員では51・7％、非正社員では31・0％（帝国データバンク「人手不足に対する企業の動向調査」）。しかも、コロナ禍で社員やパートを削減した会社は、「もう一度、社員を採用し直したとしても、またいつ何が起こるか分からない。必要なときに必要な数だけ人材を確保したい」という考えになっている。また、「景気が戻ってきたから仕事はいくらでもあるけど、人材が確保できないから受けられない」といった企業も多い。

働く人と企業、その両方の課題を解決できるスキマバイトサービスの需要は、ここ数年、急激に拡大し続けている。

ますます広がるマーケットのニーズに応えるため、スキマバイトサービスを提供している各社が自社アプリを開発しているが、それらのアプリと、『ネクストレベル』はどこが違うのか。ワーカーから『ネクストレベル』が選ばれる理由は何なのか。

アプリに登録すれば、仕事探しと応募ができる。採用されたら仕事をして、終わったら給与がアプリのなかに貯まっていく。つまり、働きたい人がバイト先に直接申し込むことなく、また、バイト先での書類を書くなどの手続きもなく、アプリだけで完結する仕組みになっている。しかし、ここまでは他社のアプリと大きくは変わらない。

異なるのは、ネクストレベルのアプリに登録するだけで、40社のグループ会社や100社の加盟企業が扱っている、すべてのスキマバイトの案件を見ることができるということ。そして、仕事の案件のレパートリーが広いので、自分の条件に合う仕事が見つかるということだ。

また、他社のアプリにはない大きな特長がある。それは、仕事の経験値が蓄積されていくこと。例えば、飲食店でアルバイトをして、結構長く働いたとしても、そこを辞めて次のところにいくと、また経験ゼロからのスタートになる。バイト先を変えるたびにゼロスタートになるので、時給が上がっていくことはない。単発で3時間程度のバイトや副業を行うスキマバイトであれば、なおさらだ。

しかし、ネクストレベルのアプリを使うと、プラットフォーム内に経験の履歴が残り、それは自分のキャリアとして蓄積されていく。働く場所を変えても、キャリアが積み上がっていくということだ。

「飲食店でのバイト経験が合計○年」「この系列の飲食店経験がある」といった事実ベースの経験はもちろん、その人の長所までも、スキマバイトをすればするほど、システム上で経験に変換されて、勝手にデータが貯まっていく仕組みになっている。それを見た企業から「この仕事をしませんか」とオファーが来ることだってある。

また、一度仕事をした会社から「よかった」という評価をもらえれば、『お気に入り』に登録されて、次に募集したいときに優先的に声をかけてもらえるのだ。

「アルバイトという仕事スタイルがそもそも古い」と河原は言う。

「企業にとっては、忙しい時間帯だけ都合良く働いてくれるバイトスタッフはありがたいだろう。その一方で、働き手のことはまったく考えていない」

ネクストレベルのアプリを利用すれば、企業の枠を超えて、好きな時間に自由に働けるスキマバイトで、自分のキャリアを構築していけるのだ。

「すべてのワーカーに、この新しい働き方を提案したい。僕らは、そのためにこの事業をやっている」と河原は言う。

アルバイトという働き方が社会からなくなり、すべて「キャリアが蓄積されるスキマバイト」に置き換わる世界をつくりたいと、河原は真剣に願っている。

そして、より多くの人に仕事の機会と自由な選択肢を提供して、世の中に価値のある働き方を生み出すことで、「最も輝ける働き方を提供する世界ナンバーワンのプラットフォーマー」になることを目指している。

4．ネクストレベルが選ばれる理由（企業編）

では、企業がネクストレベルにスキマバイトの求人を依頼する理由は何なのか。競合との違いは何か。

「365日、すべての業種や職種に対応している」「管理画面から依頼するだけで1日3時間～の単位でワーカーを手配することができる」「急な人手不足にも対応可能」「30日、サイトで支払い対応しているので、都度の支払いが不要」などネクストレベルのプラットフォームを使うメリットは大きい。しかし、これらは他社のシステムも似たり寄ったりだ。

ネクストレベルのスキマバイトサービスの特長は、グループ会社や加盟企業など約100社とワーカーをシェアリングしているので、登録ワーカーの数が累計300万人と、かなり多いことだ。登録ワーカーが多いと、急な案件でも人材確保がしやすい。しかし、登録ワーカーの数では、まだスキマバイト・プラットフォーマーとして「イチバン」ではない。

他社にない強みとして挙げられるのは、独自のマッチングシステムがあることだろう。そして、そのデータを使ったマッチングの精度の高さも企業から高く評価されている。

企業が仕事を依頼したいとき、第1段階として一度その会社の仕事を経験したことがある人に仕事の依頼ができる。しかし、時間が合わないなどの理由でその人たちとマッチングできなかった場合は、第2段階として業界経験者に依頼できる。それでもダメな場合は、ワーカーの得意分野や長所などからベストマッチな人に依頼ができるのだ。この3段階のマッチングの仕組みにより、仕事が「できる人」が来てくれる確率が格段にアップする。

ネクストレベルのプラットフォーム加盟企業の営業が直接お客さま対応する、短期人材サービスの場合も、プランナーがこのシステムを使って同様に3段階でマッチングするので、企業からは「いつも良い人材をアテンドしていただきありがとうございます」と言われることになる。

短期人材サービスの会社のなかには、「とりあえず依頼のあった人数に間に合わせるために、誰でもいいので派遣する」といった姿勢の会社も少なくない。それは、河原にとっては許せないことである。「短期人材サービスやスキマバイトでは、ろくな人が来ない」と言われるのは心外だ。自分たちは懸命にこのビジネスに向き合い、ワーカーのために、そして求人企業のために、より良いサービスを提供しようと毎日考え、時間と費用をかけて仕組みを改善改良しているというのに。業界にイノベーションを起こす目的の一つは、こういった業界イメージの払拭にもある。

第5章

未来になくてはならない企業であり続けるために

1. 未来に新しい働き方を

スキマバイトのプラットフォーマー・ナンバーワンになって、人材業界にイノベーションを起こす。その実現のために、ネクストレベルはユニークな新サービスを次々と生み出し、リリースしている。代表的なものを紹介しよう。

ユニークなサービス❶
スキマバイトがもっと便利に！
求人企業とワーカー、双方にメリットが大きい
『シフトマッチ』

スキマバイトをしたい人は、自分のスキマ時間に働きたい。一方企業は、「毎回違う人が来るより、できれば同じ人に来てほしい」と思っている。「だったら、シフト制のマッチングというのはどうだろう」と河原は考えた。

例えば、10人に依頼したい仕事があるとする。10人とも同じ人がいいと言われても、それは難しい。そこで、こんな仕組みを思いついた。10人の依頼に対して30人程度のワーカーをシフトでグルグル回しながらニーズに応えるというサービスだ。もちろん、これを自動でマッチングする。

ワーカーにとってもメリットは大きい。シフトマッチを使えば、自分の都合のいい時間をシフトのなかに組み込んでもらえるから、仕事も給料も保証されて安心だ。仕事先がバラバラではなく、一つの場所でずっと働けるのもうれしい。

とはいえ、10人の枠を30人で回すとなると、本来は10人に仕事内容を教えれば終わりだったのに、30人に研修をしなければならなくなる。なので、ネクストレベルのシステムで研修まで行うようなモデルを構築中だ。

シフトマッチの推進は、長期派遣の会社へ警鐘を鳴らす意味もある。長期派遣は入ったらフルタイムで働く。「だったら正社員雇用するべきだ」と河原は思っている。主導権は企業側にあって、「いつでも切れるから都合がいい」派遣社員を使っているのだ。そんなネガティブなサービスが何十年も変わらずにある。

人手が足りない時期は派遣社員を使う、仕事が減ったら切る。働く人は同じところで長く働きたいし、できれば正社員雇用してほしいと思っているのに叶わない。だったらシフトマッチで働くほうが良いではないか。少なくとも同じところで働ける。その仕事がなくなって、次のシフトに入っても、キャリアの蓄積はできる。

「このままのスタイルを続けていると、長期派遣は人材の仕入れができなくなって、業態自体がなくなるかも」

河原は「もっと働く人のことを考えてほしい」という願いを込めて注意喚起しているのだ。

ユニークなサービス❷

社長募集プロジェクトの進化系

起業志望の人に人材ビジネス以外の選択肢も

『社長ファイトクラブ』

社長募集プロジェクトでは、ネクストレベルが一緒にビジネスをする若い経営者を募集していた。LINEでしか募集していないのに、何千名もの応募が来る。「起業を考えている人が思ったよりもたくさんいる」ことに気づいた。しかし、この仕組みでは、人材ビジネス業界での起業に限られてしまう。

「もっといろんな業界で起業できるようにしたい」

河原はいつしかそう思うようになった。

一方、世の中の経営者のなかには「後継者をつくりたい」「グループ戦略を加速させたい」といった理由で、起業志望の若者に投資したい人が多くいる。

「そんな会社の社長と起業したい人をマッチングしたい」「会社の社長はグループ会社の社長を担う次世代の人材に出会える、起業したい人は自分の夢を叶えられる、そんな起業家スカウトのような場を設定できないか」

そうして立ち上がったのが社長ファイトクラブだ。起業したい人がプレゼンし、支援したい企業が手を挙げる。企業側に主導権があるわけではなく、支援を断ることもできる。人材業界だけでなく、どんな業種の起業でもＯＫだ。日本は国を挙げてスタートアップを支援している。そういった意味で社会貢献したいし、もっと盛り上げたいという思いから、社長ファイトクラブと名づけ、起業家スカウトという新しい分野でのマッチングサービスを開始した。

ユニークなサービス❸
離職率を99％改善する
職場体験型就職支援サービス
『WIN WORK』

面接のときにはいい人材だと思えたのに、正社員で雇用して実際に働いてもらうと「能力がなかった」「周囲の人と合わなかった」など、ミスマッチが起こることもしばしば。働く側も同じで、「働いてみたら、思っていたことと違っていた」といったことが起こる。そして、これが離職につながっていく。

「それなら、体験入社してから採用を決める仕組みをつくろう」と立ち上げたのが、職場体験型就職支援を専門に行うグループ会社、WIN WORKだ。まず、仕事体験してから働きたいという人は、ＷＩＮ ＷＯＲＫのサイトから登録する。企業は登録者の中から希望の条件に当てはまる人材を探す。登録者も「興味あり」となったら、１日～５日程度の仕事体験をする。お互いに合意したら採用が決定し、ＷＩＮ ＷＯＲＫから人材紹介するという仕組みだ。これにより離職率を99％改善することを目指している。

河原が考えているサービスは他にもまだまだたくさんある。

「アプリで、『いいなと思ったら右にスワイプ。パスしたいときは左にスワイプ。それを繰り返すことで、マッチングが成立』という仕組みがある。その求人バージョンをつくりたい」

その結果、「ここで働きたい」という会社が見つかったらそのまま応募できるようなプロダクトをつくろうとしている。

他にも、リファラル採用の拡張バージョン、中小企業の後継者問題を解決するサービスなどの企画が進行中だ。

2. HRマッチングの分野でナンバーワンを目指す

この溢れるように生まれてくる新サービスのユニークさ、そして展開のスピード。河原の発想力については本書でもたびたび述べてきた。しかし、いつまでも河原だけが発想し、トップダウンで実行していたのでは人材が育たない。

ネクストレベルには、商品力サービス力研究会というものがあり、週1回、ミーティングが行われている。テーマは「どうすればいま以上にお客さま、ワーカーの皆さまに満足していただけるよう、商品やサービスをアップデートできるか」。バイト、新人、幹部、役員、誰でも参加は自由。少ない人数で考えても、なかなかいいアイデアは生まれない。たくさんの人で考えるからこそ、いろいろな意見が集まってくるのだ。すると、「これとこれが合体すれば、かなりいいサービスができるんじゃないか」というものが出てくる。パズルを組み合わせていく感覚だ。みんなのモチベーションアップのために、案を出した人には賞金が出る仕組みもつくっている。

実際に、ここから生まれた「飲食店サブスクで使い放題」や「ワーカー月〇回の仕事保障」といったさまざまなサービスが実行されている。

他にも、営業力研究会と求人手配力研究会があり、こちらも同様にみんなで案を出して、売上をアップさせる方法や、求人の穴を埋める方法を研究している。

最初のうちは、社員が案出しをして、河原がパズルを組み合わせることで新サービスが生まれていた。そのうち、パズルの組み合わせに気づけなかった社員もだんだん分かるようになってきて、いまでは河原がいなくても会が回るようなった。それは河原にとって、とてもうれしいことだ。

これからも河原は、スキマバイトサービスをさらに充実させるとともに、世の中にない新しいサービスを生み出し続け、HRマッチング業界において市場価値を高めていく。そして、若い社員たちとみんなで力を合わせて『イチバン』を目指す。

なぜ『イチバン』なのか。それは、未来の新しい働き方をつくるため、自由で多彩な働き方ができる社会をつくるためである。

第6章

マル秘！　会社を爆発的に成長させるノウハウ集

1. 起業を成功させるために

お金も人脈もできることもない、そんなゼロの状態からスタートして、どうすればグループ売上150億円の企業を育てることができたのか。これから起業する人が一番知りたいことではないだろうか。

「会社を爆発的に成長させるノウハウは何か」

ストレートに河原に聞いてみた。

そこには、逆境を乗り越えてきた河原だからこそ語れる「成功の法則」があった。

法則❶
真似のできない商品・サービスをつくる

同じ商品を販売している会社が何社かあったとすると、営業マンは給料の良い会社に動く。誰でも取り扱うことができる商品なら、会社を辞めて独立し、メーカーの代理店として販売する。サラリーマンだと経費分を引かれてしまうから、「自分でやったほうがいい」となるのは当然だ。それも優秀な人材ほどそう思うに違いない。

これは商品に限ったことではない。サービスでも同じだ。サービス内容が同じなら、成績がいい人ほど条件の良いところに移ってしまう。

働く人がいなければ会社は成り立たない。でも給料を上げると会社が儲からない。だから低い給料のまま。すると、どんどん人が辞めて、また採用して、また教育して、の繰り返しになる。かなりの費用と労力を使って採用し教育をしても、辞められたら全部無駄になってしまうのだ。会社がスケールできない理由はここにある。

ネクストレベルを設立して2年目、短期人材サービスのビジネスをしていたとき、ある日突然、社員が誰もいなくなった。働き手がいなくなったことも残念だったが、痛手となったのは辞めた社員が「同じビジネス」で独立したことだ。しかも、自分たちの担当していたお客さまを全部持っていった。ライバルも増えたうえに、売上まで取られたのでは、これまでの苦労が水の泡どころか、完全にマイナスである。

このとき以来、河原は、商品やサービスを企画するときは「誰も真似できないものにする」ことを意識している。

スキマバイトのアプリは他社にもあるが、ネクストレベルのシステムには独自の分析ツールを搭載しているため、マッチングの精度が違う。また、他社の多くがＩＴ会社からスキマバイト業界に参入しているのに対し、ネクストレベルはもともとが短期人材サービス会社なので、アプリを利用するワーカーにとっても求人企業にとっても、「かゆいところに手が届く」便利で価値あるサービスを提供できるところが、圧倒的な差別化につながっている。

何よりも、このシステムを他の人材派遣会社やグループ会社に使ってもらって、ワーカーをシェアリングするという発想もユニーク。だからこそ、日本最大級のプラットフォームへと成長できたのだ。

現在、ネクストレベルの商品力サービス力研究会では、新しい商品やサービスを開発している。社員たちから数多くのアイデアが出てくるが、そのアイデアをプロダクトとしてローンチするためには、機能性や将来性だけでなく、斬新で独自性があることも重要な要素となっている。

法則❷
誰でもできる仕事の仕組みをつくる

商品やサービスは誰にも真似できないものであっても、優秀な営業スタッフがいないと売れない、というのでは意味がない。というのも、個人の経験値や能力に頼る売り方では、人材の採用や教育に時間とコストがかかってしまうばかりか、せっかく育てた人に辞められてしまうと、その人の売上分が0になるので、会社の業績が安定しないからだ。

「誰でもできる仕事の仕組みをつくろう」

河原がそう思ったのは、起業2年目の、社員が誰もいなくなった事件がきっかけではある。しかし、本格的に、真剣に、「誰でもできる仕事の仕組みづくり」に取り組んだのは、ネクストレベル3年目、底辺のループから抜け出すためであった。

どんなに優秀な人でもできる仕事の量は限られているから、人の能力に頼る仕事だと、一人当たりの利益を10倍、20倍にすることはできない。そこで、河原が取り組んだのが、労働集約型ビジネスからの脱却だ。それは、提供する商品やサービスは同じだが、ビジネスのスキーム自体を変えてしまうという、河原にしか考えつかないような大胆な作戦であった。

ビジネススキームを変えることで、一人当たりの生産性が劇的に向上。同じ人数でも大きな利益を生み出せるようになった。社員はその流れに従って仕事をすればいい。どんな人でも、未経験で入社してきても、誰でも売上をつくることができる。

この独自の儲かる仕組みを生み出したからこそ、スピーディな支店展開が可能になり、グループ戦略もどんどん進めることができた。「誰にも真似できない商品・サービス」と「誰でもできる仕事の仕組み」の両輪で、ネクストレベルは今も高速でスケールし続けている。

ところで、この「誰でもできる仕事の仕組み」は、社員にとっての働きやすさにもつながっている。それまではテレアポをしたり、飛び込みで営業をしたりして、仕事を取ってくるだけでも大変で、さらに仕事が決まれば求人をして、マッチングしなければならなかった。スキームができてからは、コールセンター部隊がアポイントを獲得して、成約率の高いところへ営業に行ける。仕事を取ってきたらきたで、登録ワーカーが既に待機している状態なのでいくらでも回せる。それで自分の売上が上がるから、やりがいも大きい。

法則❸
リーダーをつくる

会社がスケールするとき、絶対に必要なのが「リーダーをつくる」ことだ。ユニークな商品があって、独自のビジネススキームがあっても、売上と人材を管理する幹部がいなければ、拠点を増やすことができない。拠点が増えなければ、スケールは難しい。リーダーの数だけ会社規模が大きくなっていくのだから。

会社が軌道に乗るまでは、売上を追求していくことが社長の仕事だ。しかし、いつまでも社長が売上を追求していたのでは、社長がいる本社だけの営業活動になってしまう。しかも、社長がいなくなったらつぶれてしまう弱い会社のままだ。組織を大きく強くしていくためには、「社長と同じように売上をつくることができるリーダー」をつくり、拠点を任せていかなければならない。リーダーを育てることは、社長の重要な仕事なのだ。

ネクストレベルが支店をハイスピードで展開できたのは、売上と人材を管理できるリーダーが育っていたからに他ならない。

法則❹ KPIによるマーケティング

創業から4年目、支店展開を始めたころ、河原は「ライト通信の諸石社長が、いつもKPIのことを話していたな」ということを思い出した。「KPIって数字で売上を管理する、みたいなことだったよな。もうちょっと詳しく知りたい」と思い、いろいろ調べてみた。

例えば、コールセンターで100コールしたら20％のアポイントが取れる、アポイント先を100件訪問したら30件は契約できる、という数字が出てきたら、「来年○社の契約を獲得するには、これだけのコールが必要だからコールセンターに○人必要で、これだけの会社を訪問するから営業が○人必要、だから来年は○人採用しよう」という計画ができ、そこにかかる費用まで計算できる。立てた計画をそのまま実行すれば目標達成ができるというわけだ。

ただし、ここには「継続率」の計算を入れなければならない。

1000社契約して、翌年もまた依頼が来る会社が600社、継続率が60%だとすると、残りの40%分の件数を新規契約で埋めれば、前年と同じ契約数を獲得できる。プラスどれくらい売上を伸ばしたいかで、目標の新規獲得件数を設定するのだ。

もし継続率が10%だとすると、新規で90%を埋める必要がある。そうなると、相当数のコールと訪問が必要になり、人件費を含む莫大なコストがかかり利益が出ない。ということは、継続率を高める施策を打てば、目標の新規獲得件数を少なくできるのでコストを抑えられ、利益が大きくなるというわけだ。

また、広告を打てば、費用はかかるがアポイント率や訪問契約率が上がる。もちろんエリアのマーケット状況によってもそれらの数値は異なる。徹底的に数値を分析したうえでマーケティング戦略を行うため、確実な成長を目指せるのだ。

ＫＰＩを経営に取り入れている会社は多いが、ここまで徹底して使っている会社は珍しい。河原は、「5年で年商100億円企業になる」と決めたら、「実現はたやすい」と言う。逆算して1年ごとの計画を立てて実行すればいい。利益が出たら、翌年、それをどこに使うかも決まっているから、安心して100億円企業を目指せるというわけだ。

法則❺

特化して尖らせる

スキマバイト市場はいま、ものすごい勢いで成長している。もともと短期人材サービスからスタートした市場に、ＩＴ会社が参入してきたことで、人材派遣ではなくマッチングというスタイルに変わってきた。

普通であれば、ＩＴ会社に市場を持っていかれるところだろう。しかし、ネクストレベルは「短期人材サービス」に特化して成長してきたからこそ、ワーカーにも求人企業にもメリットがある独自のマッチングシステムを構築し、優位性を示すことができた。また、派遣の免許を持っているから、「社会保険に入っている人材（ネクストレベルが雇用元となっている人材）を派遣で使いたい」という需要にも応えられる。さまざまな雇用形態のレパートリーがあるという点も、他社とは違うところだ。

今後もネクストレベルでは、ＨＲ―ＴＥＣＨ分野でさまざまな商品やサービスをローンチしていく予定だ。ＨＲマッチングに特化しているからこそ、尖った企画、誰も真似できない商品、価値あるサービスを提供できる。それによって圧倒的な差別化が可能になるのだ。

法則❻
お客さまの「こうしてほしい」をとことん叶える

河原たちが生み出している「価値あるサービス」は、「便利だからネクストレベルを使おうかな」というレベルではなく、「どうしてもネクストレベルを使わなければならない」レベルの『価値』のあるものだ。世の中には「本当はこんなサービスがあれば理想だけど、そんなサービスがないから、仕方なく使っている」というケースが、あまりにも多い。河原は、お客さまの「こうしてほしい」が現実的には難しいことでも、何とか叶えるために知恵を絞る。

例えば企業は、スキマバイトの人材が必要になったとき、一度来てもらったことがある人に来てもらいたいと思う。初めての人に仕事をイチから教えると手間と時間がかかるからだ。そうはいっても、一度来てくれた人が、来てほしいときに働ける状態かどうかは分からない。ワーカー側にもそれぞれの働き方や働きたい時間があって、うまくマッチングできるほうが稀なのだ。

そこで河原は、システム上に3段階のマッチングの仕組みを構築した。

これだけでも他社にはない仕組みで、相当便利だと思うのだが、河原はこれで妥協しない。考えて考えて考え抜いて生み出したのがシフトマッチという方法。10人の依頼に対して、30人程度のワーカーをシフトでグルグル回しながらニーズに応えるというサービスだ。

お客さまの、あるいはワーカーの、「こうしたい」をどうしても叶える。できないものをできるようにするにはどうすればいいか、徹底して考える。その熱意と発想と実践が、ネクストレベルをＨＲマッチング業界ナンバーワンへと押し上げていく原動力になる。

法則❼
一石三鳥で考える

ネクストレベルのプラットフォームは、ワーカーにとっても、求人企業にとっても、プラットフォームを活用してビジネスをする会社にとっても、『うれしい』仕組みだ。ワーカーはネクストレベルに登録するだけで何社もの派遣会社に登録できて仕事の選択肢が増える。求人企業は数多くのワーカーのなかからマッチングが可能になる。プラットフォームの加盟企業も登録ワーカーをシェアできる。つまり一石三鳥。三方にメリットがあるからこそ、サービスが世の中から必要とされ、グロースしていくのだ。

職場体験型就職支援サービス『ＷＩＮ ＷＯＲＫ』も同じだ。体験入社してから採用を決める仕組みを提供するサービスで、採用のミスマッチを未然に防ぐことができるため、企業にとっても働く人にとってもメリットがある。ＷＩＮ ＷＯＲＫのプラットフォームとネクストレベルのプラットフォームの動線はつながっていて、相乗効果も得られるような仕組みだ。

ワンアクションで1つの効果ではなく、2つも3つも効果が狙える商品やサービスをつくることは、自社のメリットが倍増するだけでなく、「伸びる事業」になる可能性も大きくなるのだ。

2．みんなで叶えるネクストレベルのビジョン

「テクノロジーとアイデアを駆使し、世の中に価値あるサービスを生み出す、ワークプラットフォーマーNo・1を目指します」。これはネクストレベルHDのVISIONだ。ではどうやって価値あるサービスを生み出すのか。どうやってナンバーワンになるのか。みんなで協力してVISIONを叶えるために、行動基準や、具体的な行動について定めている『ビジョンマップ』のなかから一部を紹介しよう。ネクストレベルの社風や文化を感じ取ってもらえると思う。

【VISION】あるべき姿

テクノロジーとアイデアを駆使し、世の中に価値あるサービスを生み出す、ワークプラットフォーマーNo・1を目指します。

この壮大なVISIONを実現するためには、社員一人一人が同じ方向に向かって、協力しながら成長していかなければならない。仕事で、「この行動は、VISION実現のための行動なのか?」と迷ったとき、判断基準となるのがVALUEだ。

【VALUE】行動基準

・チーム・ネクストレベルの意識を持つ
・独自性×機能性×将来性に優れた斬新な商品を生み出していく

・企業と人をつなげる絶対的存在になる
・当たり前のことを当たり前以上にやる
・世界に通用するサービスを創る
・仲間は家族。大切にする
・連動する新規事業はどんどん進出する
・常に挑戦し、成長し続ける
・経済合理性を追求する

では、具体的にはどう行動すればいいのか。ネクストレベルでは、まずＶＩＳＩＯＮを実現するための「要件」を抽出。そして、その一つ一つの「要件」を達成するための具体的な行動について社員全員で話し合い、細かく分類された「やるべきこと」が設定されている。これがＡＣＴＩＯＮだ。

「テクノロジーとアイデアを駆使し、世の中に価値あるサービスを生み出す、ワークプラットフォーマーNo・1を目指します」という壮大なVISIONも、具体的な行動にまで落とさなければ、絵に描いた餅になってしまう。行動が細かく分類されていれば、その行動を一つ一つ実行していくことでVISIONにまで到達する。階段を一歩ずつのぼっていけばゴールにたどり着くのと同じだ。

この階段＝ACTIONをつくる作業をみんなで行う。そこには「何が何でもVISIONを達成するぞ」という情熱と前のめりの姿勢がうかがえる。

そのACTIONについて、一部を紹介しよう。内容は時代に合わせてブラッシュアップされていくが、ここでは、「こんなに細かく具体的に分類されているんだ」「これなら一つ一つ実行に移していけるな」ということを実感してほしい。

【ACTION】ビジョン達成のための要件と具体的な行動

要件❶

斬新かつおもしろいアップデートサービスを生み出す

《具体的な行動》
・依頼に関わるすべてをオートメーション化する
・プラットフォームでの実績が役立つ、就職支援サイトと連携する
・企業向け管理画面を充実させてマッチングの精度を高める
・ＡＩ機能を導入。過去の案件の勤務傾向をアプリに学習させてデータを活用する
・スキマバイトから就職の流れをつくる

要件❷
働く社員のレベルを高めてサービスの品質を向上させる
《具体的な行動》
・外部で講師ができる人をつくる
・人材業界について他の人材会社より詳しくあるため、常に情報収集する
・定期的に勉強会を開催して豊富な知識を身につける

・外部講師によるセミナーを定期的に開催し、動画にして全員が学べるようにする
・担当しているお客さまの会社の業績拡大に貢献できる人材になる

要件❸
スキマバイト＝ネクストレベルの浸透
《具体的な行動》
・さまざまなメディアへの露出度を高める

要件❹
優秀な人材が「働きたい」と思える会社にする
《具体的な行動》
・家族手当、誕生日手当などの各種手当や待遇面を充実化
・〝おもしろい〟みんなが喜ぶ福利厚生を充実させる

・社食サービスを導入する

要件❺
ワーカーの現場力を強める

《具体的な行動》
・専門分野に特化した人材会社を設立
・ワーカーサポートデスクの設立
・専属、専門のワーカーや、経験・知識のある社員が現場にて指導する仕組みをつくる

要件❻
47都道府県すべてを対応可能に

《具体的な行動》

・昇級チャンスとして、支店開設にチャレンジできる

要件❼ **ワーカーのキャリアアップ支援を行う**

《具体的な行動》

・研修制度を設ける
・インターン制度を設ける
・資格獲得制度を設ける
・正社員制度を設ける
・奨学金支援制度を設ける
・定期面談制度を設ける
・独立支援制度を設ける
・キャリアアップ希望ボタンを設置する

・オンライン授業制度をつくる
・マネージャーワーカーを育てる

要件❽
社員の幸福度が高い企業になる

《具体的な行動・状態》
・キャリアアップが明確である
・オフィスが綺麗
・福利厚生が充実している
・人事評価制度が明確である
・フレックス制度を導入している
・部門ごとの表彰式がある
・研修制度が充実している

第7章

起業したい人を支援する理由

1．なぜ、起業したい人を支援するのか

社長募集プロジェクト（現：社長ファイトクラブ）には、河原の「起業したい人を応援したい」という熱い想いが込められている。

河原はネクストレベルを設立する前、「起業して成功したい。でも何をすれば成功できるのか分からない」という状態が続き、さまざまな仕事を経験するなかで進む道を模索し続けた。起業したいという強い想いはあるけれど、夢中になれるものが見つからないもどかしさ、苦しさは、痛いほど分かる。また、起業して2年間は、売上は伸びているのに、キャッシュフローが回らなかったり、人材に苦労したりして経営が危機的状況に陥った。

「そのときに学んだことを最初から知っていれば、もっと早く会社を成長させられたのに」とも思う。起業したいという若者を応援したい気持ちは、河原の辛い過去の経験からきているのだ。

いま、社長募集プロジェクトは社長ファイトクラブへと進化している。100人、200人、そしていつかは1000人の社長を育てて仲間を増やし、「スキマバイト・ビジネスの連合軍として力を合わせて業界を変革する」という大きな目標を、より早く実現したいからだ。

河原は、世の中からアルバイトをなくし、経験がキャリアになるスキマバイトを広げていきたいと思っている。それだけでなく、業界の古い考え方や形態、時代に合っていない働き方をどんどん変えていき「自由で多彩に働ける社会をつくる」という志がある。これからも、社長ファイトクラブをさらに活発化させて、社会貢献に力を入れていく。

2. 進化する起業家支援のカタチ

2017年からスタートした社長募集プロジェクトでは、学歴、年齢に関係なく、社長になりたい人の応募を受け付けている。応募条件は「自分で未来を切り拓きたい人」「社長業に全力を注げる人」「一緒に短期人材サービス業No・1を目指す人(現在は、「一緒にスキマバイトサービス業ナンバーワンを目指せる人」に進化)」の3つだ。

ホームページやLP、Instagramを見て「社長になりたい」と思った人は、LINEで面談を申し込む。面談に合格した人は半年から1年の研修に参加。その後、最大2000万円を出資して起業をサポートするという流れだ。研修では、経済学、経営学、会計学、派遣法、営業手法について学ぶ。ちなみに、研修期間中は給与が支払われる。

ネクストレベルがこれまでに積み上げてきたスキマバイト・サービスのノウハウを伝授されるうえに、ツールとしてネクストレベルのプラットフォームを利用できるから、真剣に取り組む気持ちさえあれば成功は間違いない。これまで輩出した社長の最年少は21歳。また、グループ企業のなかには、事業プラン以上に業績を伸ばし、急成長している会社もある。

社長募集プロジェクトはその名の通り、ネクストレベルＨＤの社長を募集するものだ。したがって、人材ビジネス業界での起業に限られてしまう。数多くの起業志望の若者と面談するなかで、「この子は当社のビジネスには向いていないけど、他の業界だったら合うかも」と思うこともたびたびあった。

２０２２年、ＹｏｕＴｕｂｅで、社長ファイトクラブという企画を開催した。ＬＩＮＥだけで募集していた社長候補人材を、ＹｏｕＴｕｂｅも使って多角的に集めようと始めた企画で、初回は河原が、たくさんの応募のなかから選んだ10人のプレゼンターの話を聞いて、社長として採用するかどうかを決めるものだった。

「この社長ファイトクラブに、自分だけじゃなくて、他の会社の社長にも出演してもらったらどうだろう？　そうすれば起業したい人の業界の選択肢が広がる。会社の社長にとっては後継者となる人材に出会える場となる」

それから社長ファイトクラブは起業志望の人と会社社長のHRマッチングの場となった。

社長ファイトクラブのLPに大きく書かれた力強い筆文字から想像できるとおり、プレゼンする人も必死、手を挙げる社長も真剣。採用されて感極まって涙する人、不採用になって悔しがる人、人生のドラマがそこにある。周到に準備したプレゼン内容を、ぼろかすに叩かれることもある。「よし、次こそは」とリベンジしても、また叩かれる。しかし、どうしても社長になりたい人は、何度も挑戦する。そうやって叩いてもらうことで自分のやりたいことが明確になっていくし、ビジネスモデルも磨かれていく。何よりも「絶対に社長になって成功する」という意志が強くなり、どんな苦労も乗り越えていく覚悟ができるのだ。

起業する人を支援する河原のスタイルは、これからもっと進化していくだろう。

そんな河原本人は、なぜ起業したいと思ったのか。気になっている人も多いのではないだろうか。それ以前に、どんな子どもだったのか、なぜ高校を中退したのか。河原という人物の背景を知るために、生まれてから起業するまでのヒストリーを物語風に追ってみる。

3. 少年時代 ―「主役は自分」

大阪の京橋エリアは、商業施設、飲食店が立ち並ぶ人情あふれる街。1986年1月4日、京橋商店街にほど近いマンションで暮らす河原家に、新しい家族ができた。元気な男の子だ。河原由次。彼が、のちに人材業界に旋風を起こす風雲児になろうとは、このときは誰も予想だにしていなかった。

河原の父親は運送会社に勤める長距離トラックの運転手だ。家にいるときはいつも寡黙で、河原にとっては怖い存在。新聞を読んでいるか、テレビで野球を観戦しているか、そんな姿しか記憶にない。応援しているのは読売ジャイアンツ。巨人軍が勝ったときだけ機嫌が良くなる。そんないつもと違う父の姿もまた、河原の記憶に鮮明に残っている。

母親は専業主婦。明るく朗らかで、天然で楽しい、いわゆる『大阪のおかん』のような人だ。父と母、二人の出会いの場所は、ここ京橋。熊本出身の父親は料理人になりたくて『くいだおれ』の街、大阪に出てきた。しかし、経緯は分からないが、なぜかプロボクサーになってジム通いを始める。そんな彼が贔屓にしていた居酒屋が「山緑（さんろく）」だ。店内には民謡が流れていて、仕事帰りの人たちでいつも賑わっていた。母の母、河原の祖母が切り盛りしていたお店で、母親もそこで働いていた。彼は、「山緑」の味が気に入った。そして、そこで働いている、コロコロとよく笑う娘も気に入った。

河原には一歳上の兄がいる。重度の知的障がいをもつ兄に、母親はつきっきりだ。自然と河原は外で遊ぶことが多くなった。とにかく元気。やんちゃ。ワンパク。そんな言葉をそのまま全身で表現したような河原は、近所の同年代の子どもたちの先頭に立ち、京橋商店街を庭のように走り回っていた。

常に人の中心にいて、周囲の人を巻き込み、引っ張っていく。それは子どもの頃からいまも変わらず河原が持っている素質だ。主役は自分。そのスタンスは小学校に入っても同じ。

「あの公園に行くぞ！」

「今日はここで遊ぼう！」

全部自分が決めて、トップを切って行動し、友だちを率いて毎日を過ごしていた。

河原が小学校に上がる少し前に五つ年下の妹が生まれた。母親は長男と妹の子育てにますます忙しくなる。そうなると次男の河原にまで手が回らない。「由次は一人でできるよね」と、面と向かって言われたわけではないが、あまりかまってもらえなかったおかげで、かえって自立心が育っていった。

近くに住んでいた祖母も妹を可愛がる。初めての女の子の孫は目に入れても痛くないらしい。「なんで妹ばっかり？」と思うことはあったが、寂しくはなかった。なぜなら、祖母からも母からも、もちろん寡黙な父からも、自分に対する愛情を子どもながらに感じ取っていたから。とくに母親からの愛情の大きさは、河原が大人になって危機的状況に陥ったときに、あらためて実感することになる。

4. 中学・高校時代 ―「俺に指図するな」

親から「勉強しなさい」と言われたことがないから、勉強はまったくしない。宿題すらまともにやったことがない。だから成績は、推して知るべしだ。しかし、小さい頃から外遊びして走り回っていただけあって、体育の成績はいつも断トツ。だいたいどんなスポーツでもできた。また、意外にも絵を描くのが上手で、体育と同様に図工の成績はいつも5段階評価の5。なんとも極端な数字が並ぶ通知表が、河原らしさだと言える。

目立ちたがりの河原のモチベーションは、友だちから「すごいね」と言われることだ。そのためにはどんな努力も惜しまない。目立つことで、すごいと言われることは何か。考えた結果がバク転・バク宙だった。砂場で何度も何度も何度も練習する。やがてキレキレのバク転・バク宙ができるようになると皆の前で披露し、「かっこいい」「すごい」と言われるたびに、うれしさをかみしめていた。
中学生時代、家は鶴見区に移り、学校の友だちの顔ぶれも変わったが、自分が主役というスタンスは変わらずだ。男女の大勢の友だちの中心にいつも河原がいた。

中学3年生の3学期。卒業までもう少しというところで大阪府泉南市に引っ越しをすることになった。両親が「一戸建ての家に住みたい」という夢を実現させたのだ。生まれたときから慣れ親しんできた大阪市を去ることに未練がなかったと言えば嘘になるが、それよりも新しい生活が始まることに河原はワクワクした。

泉南市は関西国際空港に近い場所で、豊かな自然があふれる街だ。田舎だからなのか、たまたま転校した中学校がそうだったのか、とにかく周りはヤンキーだらけ。授業を受けていると、いきなりドアがパーンと開いて、「おい、転校生。ちょっと顔貸せや！」というヤンキーのドスの利いた声が教室に響き渡った。

先生は「やめとけ」と一度は言ったが、その声は完全に無視される。そして、「ええから来いや！」と睨まれた河原に向かって、小声で「早よ戻って来いよ」と言っただけだ。

「止めへんのかい」

先生の態度に唖然としつつも教室を出て彼についていくと、廊下の先の階段近くで数人のヤンキーが河原を待ち構えていた。

「なんかやられるんかな」

やんちゃはしたけど喧嘩はしたことがない。正直、ドキドキだ。

「お前、バク転、うまいんやて？　見してや」

どこかで噂が伝わっていたらしい。

河原は、「えーよ」と言って廊下でバク転をした。それもびっくりするくらい、何回も連続で。それを見て「なんやこいつ、ヤバいやつやん」と思ったのか、それ以来、彼らは河原を仲間として受け入れた。

転校は中学3年生の3学期だったから、高校進学の時期はすぐにやってきた。相変わらず勉強はからっきしだ。名前を書いたら受かるくらいの最低ランクの高校に進学した。もちろん中学時代のヤンキーたちも同じ高校だ。入学してからも腐れ縁が続いた。

大阪市にいた頃、河原はいつも人の中心にいて、常に自分が主役だった。しかし、ヤンキー仲間と一緒にいると、ちょっと勝手が違う。「あれやっといて」と指図されたり、皆の前で冗談交じりにいじられたりすることもある。それが我慢できないくらい嫌だった。「自分は常に主役でいたいんだ」とはっきり自覚したのはこのときだ。「自分の物語は自分でつくる」「主人公は自分」。それはのちに「起業したい」「起業して成功するぞ」に変わっていく。まだ数年先の話ではあるが……。

この我慢ならない状況から一刻も早く抜け出したい。でも歯向かえば喧嘩になる。喧嘩は弱いから絶対に負ける。その「負ける」が、また我慢ならない。考えた末に河原はボクシングジムに通い始めた。父親がもとプロボクサーだったことは知っていたし、小さいときに家でボクシングを教わったこともある。

きっかけは「喧嘩に強くなる」だったが、ジムに通ううちに「プロを目指そう」という気持ちになってきた。

そして、高校2年に進級してすぐに、高校を自主退学した。

5. 社会人になる　―「適職は何だ?」

ボクシングジムに通うにしてもお金がかかる。河原は亜鉛メッキ工場で働くことにした。高校中退だから中卒扱いになる。初任給は16万円、社会保険料などが引かれて手取りは約14万円。それに不満はない。

作業は、さまざまな部品をかごに並べて入れて、何百℃にも熱せられた亜鉛の中に浸けてメッキするというもの。当然、工場の中は40℃くらいになるから、かなり暑い。筒から冷風が出てくるスポットクーラーの前にいないとやっていられないが、その仕事にもさして不満はない。

しかし、ある日、自分に仕事を教えてくれている40歳代の人を見てふと思った。

「俺にいま、メッキの仕方を教えてくれているこの人は、40歳だけど俺と同じ仕事をしている。ということは、20年くらい同じ箱の中で同じ仕事をずっと繰り返しているということか。俺にはちょっと向いてないかも」

そして、こうも思った。

「頑張っても頑張らなくても同じというのは嫌やなあ」

工場を辞めた河原は、そこから『頑張った分だけ評価される仕事』かつ『自分が主役になれる仕事』を模索するために、さまざまな職業を経験することになる。

「プロテストを受けて世界チャンピオンになるぞ」。河原が最初にチャレンジした職業はプロボクサーだ。毎日、何十㎞ものランニング、厳しいトレーニングにも耐え、頑張りぬいたが、結局は、近畿チャンピオンにも手が届かない。亀田三兄弟がめきめきと頭角を現してきた時期でもあり、「とても世界チャンピオンになるのは無理だ」とあきらめた。努力しても一番になれないと分かったら、切り替えは早い。

「自分が主役になれることって何だろう?」

「俺は何が得意なんだっけ?」

考えたときに思い出したのが、絵を描くのが好きで、成績もよかったということ。そして河原は、当時、少年漫画誌に連載されていた『ONE PIECE』の大ファンだった。

「よし、漫画家になろう」

思い立ったらすぐに行動するのが河原のいいところだ。描き方も分からないまま自己流で漫画を描いて、雑誌社の公募に応募した。なんと、それが入賞。少年漫画誌の本誌にも掲載された。

普通なら、「よし、手ごたえあり。本格的に漫画家を目指すぞ!」となるところだが、河原は違っていた。

「絵を描くのは得意だし好きなんだけと、ストーリーを考えるのは苦手だ」

応募作を描いているときに、そう気づいてしまったのだ。賞を取っても取らなくても、もう漫画家になることは頭のなかになかった。

とりあえず、日銭稼ぎのためにショッピングセンターのフードコートにある焼きそば屋さんでアルバイトをする。

「サービス業は性に合っているかも」

そう感じた河原が次に目指したのは、ホストになることだ。テレビでもホスト番組が多数放送されていて、「かっこいいな」と思った。求人情報誌で見ると『時給5000円』『時給1万円』といった魅力的な数字が書かれている。18歳を過ぎていたので応募条件も満たしていた。

「ええやん」

しかし、いざ働いてみると、時給は平均時給であって、カリスマホストにならなければ高収入は得られないことが分かる。実際には日当保証が5000円。10時間以上働いてそれだから、まったく割に合わない。「焼きそば屋さんのほうが稼げる」と思い、すぐに辞めた。

6. 起業を決意　―「社長」へのあこがれ

「18歳になったら、社会人として、ちゃんとした会社に入社できる」

なぜか、河原はそう思い込んでいた。『ちゃんとした会社』というのは、スーツを着て働く会社のことだ。あこがれていたのは営業職。そして、面接を受けに行ったのが大阪梅田に本社がある通信サービスの営業会社、ライト通信だ。

本人は、いたって真面目に面接に臨んだつもりだが、面接官は河原を見て一瞬引いた。なぜなら、スーツこそ着ているが、髪が完全に金色だったからだ。しかし、「こんなに尖ったやつのほうがおもしろいかも」と思われたのか、奇跡的に採用されて入社することができた。ライト通信は、日本電信電話公社が日本電信電話株式会社へと民営化された後に創業され、常に時代の最先端の通信サービスや端末機器を提供しながら拡大してきた会社だ。

綺麗なオフィス、おしゃれなデスク＆チェアー、みんなスーツを着てシュッとしていて、社内は活気に溢れている。毎日朝礼があって「〇〇さん、契約一本おめでとう！」と表彰された社員は拍手の渦に包まれる。

「いままで働いてきたところとは全然違う」

何もかもが新しくて目の前が明るくなった気がした。河原の心は踊った。

河原が入社したとき、社長としてメンバーを牽引していたのが諸石竜也氏、当時26歳だ。彼は21歳のときにライト通信に入社し、先代社長からその実力や人望を見込まれて社長に昇格した凄腕の人物。入社して5年で経営者になったことも驚きだが、そこから会社の売上をグングン伸ばし、2023年現在では売上270億円の企業へと成長させている。

ライト通信は、いまでこそ、インフラ事業、ＩｏＴ・ＩＣＴ事業、ＤＸ事業、ショップ事業、モバイル事業など幅広い事業展開を行っているが、河原が入社した当時は、ビジネスフォンを企業に販売する仕事が中心だった。河原は名古屋エリアを担当。出張しては営業活動を行った。

実はこう見えて、河原はかなり人見知りするタイプだ。それは、いまも変わっていない。人前でしゃべることは大の苦手。それでよく営業職を目指したなとも思うが、案の定、営業成績は芳しくなかった。

そんな河原を見かねてか、諸石社長が営業同行してくれたことがある。そこで営業に関するアドバイスをもらった。そのときのやりとりはこうだ。

「河原はどういうふうに営業を進めて、どんな提案をしてるの？　売りは何？　ビジネスフォンの機能か？　値段か？」

「いえ、提案書にもあるように、当社からビジネスフォンを入れていただければ、安くなるという説明をしています」

「そうじゃない。そもそもこの商品自体が好きか？」

「……」

「じゃあ、お前が好きなものって何？　それに例えて話すから教えてよ」

「漫画の『ＯＮＥ ＰＩＥＣＥ』です」

「漫画か、ならそれでいいよ。『ＯＮＥ ＰＩＥＣＥ』のことを知らない友だちに薦めるときに、お前は好きだから、めっちゃ薦めるやろ？　『絶対に読んだほうがいい』『こういう場面がかっこ良くて、読まないと絶対に損するから』って。好きなものを薦めるときには熱意が伝染する。『ＯＮＥ ＰＩＥＣＥ』はこうだと淡々と説明されても誰も読まない。でも河原がここまで好きで、『ほんまにあの人がかっこいいって言うのなら、ちょっと読んでみようか』と思う。多分10人いたら10人とも読むで」

要は自社商品を好きになれということだった。営業の極意を教わった河原は「営業って深いなあ。よし、やってみよう」、とはならなかった。それよりも諸石社長自身にしびれた。

「ものすごくかっこいい。こんな人になりたい。絶対に」と、強く思ったのだ。

河原が誰かにあこがれたり、目標にしたりするのは生まれて初めてだ。そして、高校を中退してから長い間、「自分が探し求めていたものがここにあった！」と気づいた。『頑張った分だけ評価される仕事』かつ『自分が主役になれる仕事』、それは経営者だ。「俺は起業する。そして、この人のように会社を大きくできる経営者、メンバーを引っ張っていける経営者になるぞ」と固く心に誓った。

7．ついに起業 ―「ネクストレベル」へ

起業することは決めたが、資金もないしノウハウもない。まして、どんなビジネスをするかも定まっていない。起業するだけならできるかもしれないが、『イチバン』にならないと気がすまない河原は、もっといろんな仕事を経験して、「自分が業界トップを取れるビジネスは何か」を検討することにした。

通信会社を辞めて名古屋から大阪に戻ってから、運送会社、飲食店、ネット買取販売、パチンコ店など、さまざまな仕事を経験する。経営に関する本を千冊近くも読みあさった。勉強すればするほど「起業したい」という気持ちはますます強くなってくる。しかし、何をするかがなかなか決まらない。

世の中はＩＴブームだ。ライブドア、サイバーエージェントなどが、勢いよく業界を牽引していた。

「波に乗るにはＩＴか？　いや、ＩＴのことはぜんぜん分からん」

「自分にできることって何かな？」

考えて思いついても、

「それで『イチバン』になれるんかな？　いや、あかんやろう」

その繰り返しだ。

２００８年1月4日。河原は22歳の誕生日を迎えた。22歳といえば、大卒の人たちが新社会人になる歳だ。「みんなは22歳で華々しく社会人デビューする。自分は22歳で経営者デビューしたい」という想いがあり、年内に起業することを目標にした。

そして、そのときに働いていたイベント施工会社でひらめいた。

「イベント会社は仕事のあるなしが極端だけど、これまで経験してきたどの企業も、大なり小なり繁忙期と閑散期があった。忙しいときに人が足りなかったらビジネスチャンスを逃してしまう。かといって、繁忙期に人を採用してしまうと閑散期に人が余って人件費が無駄になる。企業は繁閑に合わせて人員のやりくりに苦労してるよな。これを何とかできたら、需要があるんちゃうかな」

こうして河原は、2008年7月1日、短期スポットでの人材提供が可能な派遣会社「株式会社ネクストレベル」を立ち上げ、社名の通り、河原は次のレベルへと足を踏み出した。

第8章

語録

河原は若い人たちにどんなメッセージを発信しているのか。Ｉｎｓｔａｇｒａｍのコメントから抜粋してみた。

1．質問に答える

Ｑ　河原さんなりの自分に打ち勝つ方法を教えてください。

Ａ　場所も、攻撃も防御も、自分たちが優位かどうかを考える。
そして、優位なときに行く。
少しの勝ちをとりながら生き残っていくことが、最終的な勝利につながる。
もう一つ大事なこと。それは、常に楽しむのではなく、常に練習すること。練習してるほうがはるかに強くなる。

負けたら、なぜ負けたのかを振り返る。そして練習。

Q 仕事に対して無責任なことを言う人への対処法はありますか?

A 今でもごくたまに無責任な対応をされることがあるけど、向こうが悪くても、ある程度は笑って頭下げるかなあ。(され続けたら怒るけど)

別に「これからの付き合いが大切だから」とかじゃなくて、自分は経営者として理想像を持ってるから、そのプライドを守るため。

ただし、一緒に仕事は二度としない。

Q 経営者として、20代と30代で変わったことはありますか?

A 20代の頃は、突っ走ってたら、周りからも若いのにすごいとか言われて勘違いしていたのもあるけど、

「同年代で向かうところ敵なし」と思っていた。

確かに当時、大阪で若くてちゃんと経営してる人なんて
ほとんどいなかったから、数が少ないというのもあった。

でも30代になると周りが見えてきて、数も増えてきて、
やたらとすごい人がどんどん出てくる。

30代になった当初は「もっと経営者として成長しなきゃ」と思うようになった。

そして現在は年下の人たちがどんどん伸びてくるから「負けられないなー」って思ってる。

実際のところは企業としてのあり方だし、業界が違うし、勝ち負けなんてない。

でも何かしら向上心がないと成長が止まる。

つまるところ、自分との戦い。

Q　社長募集プロジェクトでは、特にどのようなことを心がけたらいいでしょうか？

A　一つだけ言えるのは、本当に目標のためにやり続ける覚悟だと思う。
研修に来て断念する人は「自分に合ってない」もしくは「心が折れた」と言う人が多いかな。

そんなにしんどいことはしてないのに。

会社経営って、ずっとこんな感じですよ。

自分の会社に社員ができたら、思うようにうまくいかない時期だってある。

それですぐに「心が折れた」とか「自分に合ってないわー」とか
何でそんなことが言えるのか分からない。

逆にエンジンかけてやるしかないのに
口だけで、考え方が子どもの人が多い。

そんな人は、社長になるのはやめておいたほうがいい。

心がけるのは、自分の目標のためにやってやる覚悟です。

Q　会社を拡大するときはウキウキ？　緊張？　どんな感覚ですか？

A　ウキウキも緊張もしません。
目標があり、そこに到達することは夢でも空想でもなく
絶対に行くものだと思っています。
あとはその計画のために、ちゃんとできていないところはないか、
悪い部分はないか、その都度出てくる問題の部分に積極的に取り組み、
うまくいくように見直していく。そんな日々の連続です。

Q　経営者として、うまくいかないだろうなという人は、どんな人ですか？

A　どれもうまくいってないのにコロコロ業種を変える一貫性がない人。
目の前のかっこ良さや稼ぎだけに目移りする人。
そんな人はなかなかうまくいかない。
プロになるには鍛錬が必要。

Q　河原さんの目指すところを教えてほしいです。

A　アルバイトをしようと思ったとき、企業やお店に直接連絡しなくなる。
企業もいちいち募集しなくなる。
面談して人の目で採用するほうが疑わしくなる。
働き手も、企業の情報を見るだけじゃ何も分からないことに気づく。
ネクストレベルのプラットフォームを利用したほうが断然いいし安全だ。
労働市場でのアルバイトのあり方を変えてやる。
そんな世界を目指しています。

Q　どんな就活生を採用したいと思いますか？　学歴が良い、とにかく優秀、人間性がいいなど。

A　大きなことを一緒に目標にして、そこに立ち向かって行ける人かな。

ベクトルが一緒なら学歴や性格なんて、そんなに関係ない。

Q　オススメの本があれば教えてほしいです。河原社長のストーリーを見て『数値化の鬼』は買いました。

A　『数値化の鬼』はとても読みやすいよね。
『リーダーの仮面』が次のステップじゃないかな。
本なんてありすぎるから、良い本を見分けることのほうが大事だと思う。

Q　素早く成功させる秘訣はありますか？

A　遠回りはあるけど、近道はない。

Q　成功したのに頑張る理由はなんですか？

A　成功したとも思っていないけど、たくさんの方がこのくらいで人生リタイヤしてしまったら、日本は終わるよ。
競争と挑戦を繰り返していくことで、世界、日本は発展していくと思う。
NEXT LEVELも、今の働き方を一新して
未来のためにまったく新しい働き方をつくっていきたいと思ってる。

Q　35歳です。いまからでも起業するのは遅くないですか？
A　始めることに関して遅すぎることは一切ない。
天才なんて、ほとんどいない。
真剣に打ち込めば勝てる世界だから。

Q　成長し続ける会社とそうじゃない会社の差は？　どうすれば長続きしますか？
A　『何でも屋は何もできない屋』
自社と同業他社すべて横に並べられたとき

お客さまにこっちを選んでもらえる、何かしら特化した強みを持つ。
すべての人じゃなく、一部の人でいい。

Q　経営者として無駄な動きとは？

A　安い交流会に行くこと。
変な人しかいない。

Q　次から次へと新しい発想で事業をつくれるのはなぜですか？

A　もっと良いものをつくっていきたいから。
世界観を広げて業界のことを熟知すれば、何が刺さるか分かる。
でも、それを形にしてスケールさせるのが大変。
自社にしかできないプロダクトが世の中で動いているというのは
かなりやりがいを感じられる部分。

Q　まわりより突き抜けるために一番重要視しないといけないことを教えてください！

A　一番なんてない。

たくさんある顧客ニーズから誰がどう見ても欲しがるものを提供したり、

他社より圧倒的な利点があるもので差別化したり、

組織力はもちろん、優秀な仲間をたくさん集めること。

周りのパートナーも重要。

拡張性をもたせた事業じゃないと意味がないし、

市場の変化を見て常に新しいアイデアを取り入れないといけない。

これらを自然と流れるようにできる人が突き抜けていけるんだと思う。

Q　人材サービスを始めたとき、どうやってクライアント探しをしていましたか？

A　ゼロから新規で集めてた。

テレアポ、ＤＭ、問い合わせ、
誰もが思い浮かぶやりかたを一通りしながら開拓。
そのときは優位性もあまりなかったから
どうやったら興味を持ってくれるか
たくさん考えてた。

2．独り言

本日は朝から勉強会！
今後の日本の動きを把握して、どこよりも最速で動くからこそ、
なくてはならないサービスになります。

僕たちにしかできない、真似することが到底できないことをすることで
存在価値を出していきます。

売上のために行動量を増やすのではなく、
新規と顧客継続率のために動くほうが、商品力が高まる。

スキマバイトは、HR－TECH時代の後押しと
全国の求人数が本格的に回復してきていることで
活発になってきていることが分かります。

真剣に向き合って、こうでもない、ああでもないと、意見を出しあう。
そんな時間と労力が、信頼と信用を産んで
特別な関係で高みを目指していけると思ってる。
HR業界を盛り上げていこう！

心配しなくても全員必ずうまくいく。

社長募集プロジェクト（現：社長ファイトクラブ）の面接に合格したってことは、それなりにポテンシャルがあるということ。

部分的に、時期的に、うまくいかないときもあるけど、人と違ったり得意ではなかったりする部分や問題点も鬼のように改善すれば、良くなる。

その力を身につけてほしい。


圧倒的日本一を目指していくうえで足りないものは、安定した組織力。

社員に任せることも大事だけど、一番の問題があるところには自分が入っていくことも大事。

そうしなければ強い組織はつくれない。


財務定例会では問題があるところに入るようにしている。

今回も歴代最高益。
時代が後押ししてくれていることを実感しているけど
みんなの成長が一番の勢いです。
この成長を無駄にしない。業界のインフラをつくりあげていきます。

世界がコロナを終わらせようという方向性になっている。
もしかしたら、こんなにゆったりした日本はもう来ないかもしれない。
みんながものすごく考えて、力をつけた2年間だった。

社長募集プロジェクトから新しく独立！
終盤はすごい勢いで研修を終了して起業していった。
トップは100のことをして1しか伝わらない世界のなか、
組織をつくり、×100のことをしていかなければならない。

プレイヤーと経営者はまったく違う。
最初は同じように見えてもまったく違う。
同じように見えるから、そこに居座り、大きくなれない会社が五万とある。
みなさんが立派な経営者になって、成長するのを楽しみにしています。

人間、誰かにちょっと負けてるなあと思ったときは、だいぶ負けている。
だいぶ負けてるなあと思ったときは、もう無茶苦茶負けている。

日本もなるべく早くブーメラン社員を迎え入れる体制を整えたほうがいい。
企業は常に成長している。
とくにベンチャーは、3年前と現在ではまったく雇用環境が違ったりする。
そんなときに以前勤めていた社員が戻ってこられる環境を整えることで
採用費、教育費、多方面で改善する場合も。

今と前ではどう違うか、何が変化したか、元社員のニーズに柔軟に合わせていく。

NEXT LEVELをアップデートするランク制度がゲーム感覚に。
4月からプロダクト案に対して1案ごとに報酬を払い続ける人事制度を導入しました。
候補に入ったり採用されたりしたらボーナス別途支給です。
もともと幹部だけで設計していたものでしたが、
少ない人数で創りあげるには限界があります。
より世界観を広げていくために全体で育てていきます。

今年のテーマは人のために動くこと。
人のために動くのは、お互いが人のために動いたほうが生産性が高く、
すぐに形になるということを知っているから。

すべての企業が設立後も順調に成長。
別のHR－TECH、人材系サービス立ち上げにも追加出資したり
本気で頑張る方をフルサポート。

社長募集プロジェクトから新たに大阪エリアで1社設立。
研修期間でお客さまも全部引き継げるので設立してからある程度の売上があり
安心してスタートできます。
研修中も起業するまで給与を払うし、設立したときに出資もする。
設立した後の支援金もあるし、銀行との取引もできる。
サポートが手厚い。
こんなに未来に投資しているのはネクストレベルだけ！

幹部が新人教育することで自分たちにも気づきがあり

これをやればいいということが見つかる。
業界初、各仕事に対して、スキマバイトワーカー向けｅ－ラーニングを開始しよう。

人材教育も近年はかなり便利になってきている。
去年からネクストレベルＨＤの
責任者や幹部が受講しているグロービスのオンライン研修。
一人ひとりが空いてる時間にできる。
導入しやすく、時間も取られないから結構いい。
他のオンライン教育しているところも
既定時間に人を集めるＷＥＢセミナーではなく、このやり方を真似たらいいのに。

インターネットやスマートフォンのアプリなどを通じて、
企業に雇用されることなく、今までの経験や就業データに基づいて、

一時的、もしくは単発の仕事を受けられる、企業の枠から超えた働き方こそが
未来のアルバイトの働き方。

働く人の半分は、働く前から転職を考えている。
そして現在働いている人のほとんどが
今よりステップアップできるなら挑戦したいと思っている。
だけど、ステップアップを考えているのに
今の職場から離れて新しくチャレンジするリスクをなかなか取れない。
だから転職市場が活発にならない。
流動しない。
でも、そのリスクがなくなり、
企業も向上心ある人材をミスマッチなく採用活動できるのなら、
そんなサービスを絶対使いたいと思うはず。

アルバイトは間違いなくスキマバイトに置きかわる。
今のうちに経験データや自社のお気に入りワーカーを増やしていく必要がある。
『転職希望の人』を探すのではなく『転職する手前』から
見込みの方を確保していく必要がある。

ブランディングだけでは勝てない。
興味を持たれても継続はしない。
他と一緒に並んだときに、
選んでもらえるような企業、お店でないといけない。

最終章

メッセージ

僕は18歳のときに「起業する」と決めたのですが、高校中退ということもあって、やれることがなかなか見つからない、というより、やれることが何もないという状態でした。お金も貯金もないし、社長の知り合いもいないし、人脈もない。もちろん投資家を口説けるような能力もない。でも、「起業したい」「会社を大きく成長させられる経営者になりたい」という想いはめちゃくちゃ強くて、現実とのギャップに苦しむ毎日を過ごしていました。

経営の本を読みあさって勉強を重ねながら、いろんな業界のいろんな会社でアルバイトをして、「自分に何ができるのか」「自分が夢中になれることは何か」を探し続ける日々。でも簡単には見つからない。

16歳から社会に出て頑張っている自分としては、大学に進学した同級生たちが卒業して社会に出る22歳までに、納得できる社会人になっていたい、という勝手な思い込みがあって、僕のなかで22歳が起業のタイムリミットでした。

「22歳になっても起業できなければ死ぬ」。それくらい激しい思いがあっただけに、前に進みたいのに進めない状況が続くことは、地獄のような苦しみでした。

「起業したいけど、何をすればいいか分からない」「やる気はあるけど資金がない」。そんな若者が、世の中には溢れています。僕の場合は、必死に前に進んで道を開くことができたけど、最初の一歩を踏み出せずに苦しんでいる人があまりにも多い。そう気づいたのは、スキマバイト・ビジネスの連合軍をつくるために、『社長募集プロジェクト』を始めたときです。

LINEでしか募集していないのに、何千人もの応募が来るし、面接に来た人はやる気に溢れている。そして、起業前の僕と同じように悩み、苦しんでいる。

社長の仲間を増やすという目的で始めたプロジェクトでしたが、「彼らの起業を支援したい！」という気持ちがますます強くなっていきました。

『社長募集プロジェクト』は、起業して成功したいという若者に、2000万円を出資し、経営者に必要なスキルを身につける研修を行い、スキマバイト・ビジネスの成功ノウハウを伝授し、日本最大級のプラットフォームという営業ツールを提供します。「資金がない」「どうすれば成功できるか分からない」という悩みは解決できます。でも、「やりたいことが分からない」という悩みに対して提供できるのは、ネクストレベルが行っている人材ビジネスの一択しかないという状態でした。

そこで、『社長募集プロジェクト』を進化させて立ち上げたのが、起業したい人と、さまざまな業界の会社社長とのマッチングを行う『社長ファイトクラブ』というプロジェクトです。YouTubeを使ったおかげで反響が大きく、「社長になりたい」と応募してくる人は累計で7500名を超え、いまもなお増え続けています。

単純にお金持ちになりたいから起業したいという人もいれば、自分の可能性に挑戦したい、会社が倒産して莫大な借金を抱えてしまった、スポーツの世界で頑張ってきたがセカンドキャリアを考えたい、自分で考えたビジネスモデルを実現したいなど、応募の理由は人それぞれです。

先日プレゼンした人は、生活費がない、携帯も止められている、身動きが取れない崖っぷちの状態で、「やっとの思いで今日ここに来ました」という人でした。「この状況から抜け出したい。めちゃくちゃ頑張るから、自分を引き上げてほしい」。その必死の想いと決意に心動かされた一人の社長が「彼に出資したい」と手を挙げて、マッチングが成立。彼は泣いていました。

本当にそれくらい苦しいんですよ。前に進みたいのに進めない、行きたいのに行けないという状況は。自分にはその苦しさがよく分かる。だから何とかして助けたい、想いを叶えてあげたい。

未経験でも、学歴が優秀でなくても、どんな人にもチャンスは平等に与えられるべきだと僕は思っています。これからも、経営者を目指す人が一歩踏み出す機会を全力でつくりますので、あなたも挑戦して夢を叶えてください。

これからも、社長ファイトクラブはどんどん進化します。将来的にはファンドと組んで日本の企業の後継者不足の問題解決にも貢献したいと考えています。

子どものときには、夢中になれるものがあった。
大人になった君には、それがあるか？
興味を持てることを待つだけでなく
本気になって探してきたか？
誰だって夢中になれるものを見つけたい。
でも、それは挑戦する者にしかやってこない。
さあ、一歩を踏み出そう。
昨日までの自分を超えていけ。

まだ何もない未来の起業家たちへ。

NEXT LEVEL
135万円の資本から150億円のグループ売上へ
起業の秘訣

中卒でも"逆転の戦略"

2023年7月1日　第1版発行

著　者　　河原 由次
発行者　　田中 朋博
発　行　　株式会社ザメディアジョン
　　　　　〒733-0011 広島市西区横川町 2-5-15 横川ビルディング
　　　　　電話 082-503-5035
印刷・製本　株式会社シナノパブリッシングプレス

ISBN 978-4-86250-774-7　C0034